AF645292

Carl-Auer
Fachbücher für jede:n

Gabriela von Witzleben

BAUCH, HERZ UND KOPF

MEHR LÖSUNGSKOMPETENZ MIT DEM TRIADISCHEN PRINZIP

2022

Reihe »Fachbücher für jede:n«
Reihengestaltung und Satz: Nicola Graf, Freinsheim, www.nicola-graf.com
Umschlaggestaltung: Heinrich Eiermann
Umschlagfoto: © peterschreiber.media – stock.adobe.com
Redaktion: Dr. med. Nicola Offermanns
Printed in Germany
Druck und Bindung: CPI books GmbH, Leck

MIX
Papier | Fördert gute Waldnutzung
FSC® C083411

Erste Auflage, 2022
ISBN 978-3-8497-0450-6 (Printversion)
ISBN 978-3-8497-8402-7 (ePUB)
© 2022 Carl-Auer-Systeme Verlag und Verlagsbuchhandlung GmbH, Heidelberg
Alle Rechte vorbehalten

Bibliografische Information der Deutschen Nationalbibliothek:
Die Deutsche Nationalbibliothek verzeichnet diese Publikation in der Deutschen Nationalbibliografie; detaillierte bibliografische Daten sind im Internet über http://dnb.d-nb.de abrufbar.

Informationen zu unserem gesamten Programm, unseren Autoren und zum Verlag finden Sie unter: **www.carl-auer.de**.
Dort können Sie auch unseren Newsletter abonnieren.

Carl-Auer Verlag GmbH
Vangerowstraße 14 · 69115 Heidelberg
Tel. +49 6221 6438-0 · Fax +49 6221 6438-22
info@carl-auer.de

1 EINSTIEG ÜBER EINEN PERSPEKTIV-WECHSEL

Schön, dass Sie dieses Buch in den Händen halten! Vielleicht wollen Sie nur mal reinschauen, ob es für Sie interessant sein könnte, oder Sie haben es freundlicherweise schon gekauft.

Ohne Körper könnten Sie dieses Buch nicht lesen. Das wissen Sie natürlich selbst – manchmal fehlt jedoch das Bewusstsein dafür, dass es wirklich so ist. Selbst der Kopf gehört zum Körper und wohnt nicht in einer virtuellen Cloud. Wenn schon Ihr ganzer Körper dabei ist, dann wäre es ja vielleicht interessant, ihn auch als Ganzes zu nutzen. Deshalb lade ich Sie dazu ein, spontan folgende Übung und damit eine neue Erfahrung zu machen (ob im Sitzen, Stehen oder Liegen, spielt keine Rolle).

Perspektivwechsel

Lassen Sie Ihre Augen geöffnet und nehmen Sie Ihren Körper als Ganzes bewusst war, sagen Sie zu ihm etwas wie: »Hallo, du bist ja da! Während ich den Einleitungstext gelesen habe, hatte ich dich ganz vergessen.«

Lesen Sie im Folgenden den einleitenden kurzen Text oben noch drei Mal aus unterschiedlichen Perspektiven. Machen Sie sich klar, dass Ihr Körper fortwährend und ohne jegliche Pause schon Ihr ganzes Leben lang weitestgehend autonom agiert und funktioniert. So ist es auch jetzt sinnvoll, es dem Körper zu überlassen, was Sie erleben und ob eine interessante Erfahrung stattfindet.

Station 1
Stellen Sie sich vor, der Bauch hätte Augen. Sie atmen in den Bauch ein und aus, ca. 3–10 Mal. Sie kennen Ihren Körper am besten: Antwortet er eher schnell oder braucht er etwas Zeit? Wenn Ihre Aufmerksamkeit hauptsächlich im Bauch ist und Sie dort die Augen platziert haben, dann lesen Sie den Text aus dem Bauch heraus.

Was können Sie wahrnehmen, was ist anders als vorhin?

Station 2
Stellen Sie sich vor, das Herz (der Brustbereich) hätte Augen. Sie atmen ins Herz ein und aus, ca. 3–10 Mal. Sie kennen Ihren Körper am besten: Antwortet er eher schnell oder braucht er etwas Zeit? Wenn Ihre Aufmerksamkeit hauptsächlich im Herz ist und Sie dort die Augen platziert haben, dann lesen Sie den Text aus dem Herz heraus.

Was können Sie wahrnehmen, was verändert sich?

Station 3
Stellen Sie sich vor, der Kopf hätte Augen (das gelingt meist ganz gut). Sie atmen in den Kopf ein und aus, ca. 3–10 Mal. Sie kennen Ihren Körper am besten: Antwortet er eher schnell oder braucht er etwas Zeit? Wenn Ihre Aufmerksamkeit hauptsächlich im Kopf ist und Sie dort die Augen platziert haben, dann lesen Sie den kurzen Text aus dem Kopf heraus.
Was können Sie wahrnehmen, was verändert sich?

Abschluss
Jetzt überlassen Sie es dem Körper, wie diese drei Komponenten zusammenwirken, und lesen den Text nochmals. Was verändert sich dadurch?

Mit solchen körperlichen Perspektivwechseln können Sie sich in vielen Situationen die Zeit vertreiben – sei es an der Supermarktkasse, beim Tanken oder beim Warten auf den Bus – und so ganz nebenbei eine körperbasierte Horizonterweiterung erlangen.

ABS: Die drei Kernbedürfnisse

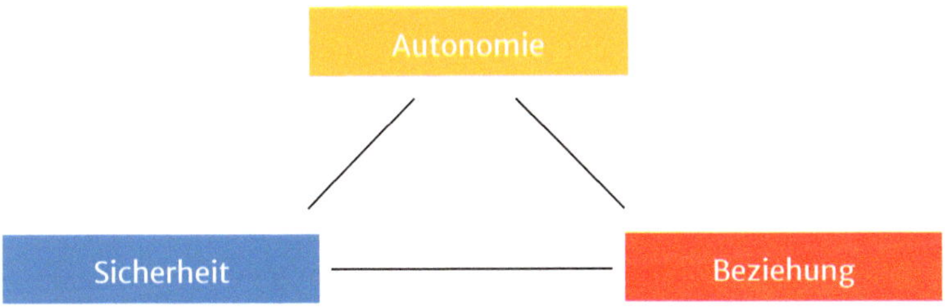

Abb. 1: Triade – die drei Kernbedürfnisse

Die Abkürzung »ABS« leitet sich aus den Anfangsbuchstaben der Kernbedürfnisse ab.

- **A**utonomie (Bauch – Impulse/Selbstbestimmtheit)
- **B**eziehung (Herz – Gefühle/Kontakt)
- **S**icherheit (Kopf – Orientierung/Überblick)

Im triadischen Modell sehen wir die drei Kernbedürfnisse jeweils in einem Körperbereich repräsentiert. Um zu verstehen, was das jeweilige Fachgebiet von Bauch, Herz und Kopf ist, lohnt es sich, diese drei Begriffe (s. Abb. 1) näher zu beleuchten. Der Begriff Triade bezieht sich auf die Zahl Drei: wenn also drei Kernbedürfnisse gemeint sind oder wenn es sich um die drei Begriffe Bauch, Herz und Kopf handelt. Jeder Begriff muss im Zusammenhang verstanden werden. Denken Sie an das Spiel *Teekesselchen*: Es gibt Begriffe mit zwei Bedeutungen, die zu erraten sind – wie *Bank* und *Bank* oder *Flügel* und *Flügel*. Jemand erklärt, was man damit macht oder wozu es gut ist, und erst nach und nach wird deutlich, worum es sich jeweils handelt.

- **Autonomie:** Präsenz zeigen, seinen Raum einnehmen, mit steuerungsfähigen Impulsen zu Handlungen gelangen: So erlebt man sich als selbstbestimmter und autonomer Mensch.

- **Beziehung:** In Kontakt sein mit sich und anderen, sich austauschen und sich auf sich selbst und andere beziehen: So erlebt man sich als fühlender Mensch, der in Beziehungen zu anderen steht.
- **Sicherheit:** Sich nach innen und außen orientieren, den Überblick verschaffen, die Menschen und die Welt beobachten und analysieren: So erlebt man sich als wissender Mensch und das schafft Sicherheit.

Der Begriff Kernbedürfnis soll verdeutlichen, dass *Autonomie, Beziehung* und *Sicherheit* fortwährende fundamentale Kraftquellen sind. Sie dienen dadurch auch als Antrieb und Motivation und sind sozusagen des *Pudels Kern.*

Die meisten Menschen beziehen sich je nach Situation auf Bauch, Herz und Kopf. Jedoch fehlt ihnen das dahinterstehende Ordnungsprinzip bzw. die Möglichkeit der Strukturierung, weshalb es meist auf eine mehr oder minder wilde Mischung der Komponenten hinausläuft. Der Körper kennt die Kernbedürfnisse schon sein Leben lang, sie sind in ihm repräsentiert – emotionale ebenso wie rein körperliche Bedürfnisse: Der Magen knurrt, wenn man Hunger hat, das Herz klopft, wenn man aufgeregt ist, usw. Wenn das »Herz vor Freude hüpft«, so kann man körperliche Reaktionen erleben, die aus einer Situation, einem Erleben resultieren. Genauso kann einem »der Kopf schwirren« vor lauter Informationen, die einen überfluten. In den genannten Fällen reagiert der Körper. Dies kann man sich jetzt zunutze machen und die drei Körperregionen von Bauch, Herz und Kopf gezielt aktivieren. Wenn der Körper die Bedürfnisse möglichst ungestört äußern kann, dann profitiert und begreift man mehr, als wenn man nur darüber nachdenkt.

Man kann diese drei Bedürfnisse mit den Grundfarben vergleichen: Man braucht Gelb, Rot und Blau, um alle beliebigen Farben zu mischen. Denken Sie an einen Farbdrucker: Wenn man die gedruckte Seite sieht, ist nicht immer gleich erkennbar, dass alle drei Farben (*cyan, magenta, yellow*) zum Drucken nötig sind. Der Drucker meldet aber sofort, wenn einer der drei Farb-Toner leer ist, und weigert sich weiterzudrucken. Das könnte man sich zum Vorbild nehmen und sich klarmachen, dass es sowohl nachhaltiger als auch ganzheitlicher ist, alle drei Kernbedürfnisse zu berücksichtigen.

Kernbedürfnisse I: Aufstellung von Bauch, Herz und Kopf

Ziel: Aktivierung der Kernbedürfnisse im Körper

Damit die »Be-Griffe« Autonomie, Beziehung und Sicherheit für Sie greifbarer werden, laden Sie Ihren Körper ein, Ihnen weitere Wörter, Bilder und Empfindungen zum jeweiligen Begriff zur Verfügung zu stellen:

Die Aufmerksamkeit wird wieder wie in der ersten Übung in die jeweilige Region Bauch, Herz und Kopf geleitet. Die Augen bleiben bei dieser Art von Übung generell geöffnet, Ihr Körper wird Ihnen dabei helfen.

Sie legen sich als Bodenanker drei Blatt Papier o. Ä. in Form eines Dreiecks auf den Boden (wir benutzen runde bunte Moderationskarten, aber DIN-A4-Blätter tun es auch, das hat jeder zu Hause). Diese sollten nicht beschriftet sein. Wenn Sie an der Spitze des Dreiecks vor der Station 1 (Bauch) stehen, dann liegt die Station 2 (Herz) links davor und Station 3 (Kopf) rechts davor. Sie gehen immer im Uhrzeigersinn.

Station 1: Bauch

Stellen Sie sich nun auf Station 1 und leiten Sie Ihre Aufmerksamkeit und Wahrnehmung in den Bauch. Unterstützen Sie dies durch die tiefe Bauchatmung. Stellen Sie sich vor, Sie atmen durch den Bauch ein und aus.

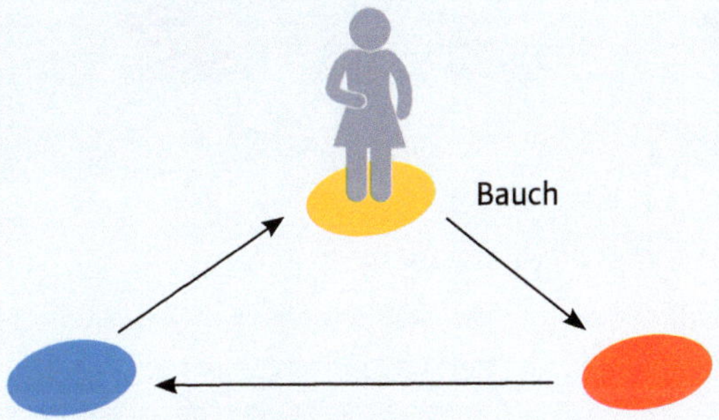

- Wie nehmen Sie Ihre räumlichen Grenzen wahr?
- Wie viel Platz nehmen Sie ein?
- Wie ist der Raum hinter Ihnen?

Überlassen Sie es Ihren Füßen, falls diese sich bewegen möchten, um einen Platz zu finden, der für den Körper weiter, angenehmer, befreiter ist.

- Verändert sich etwas in der Körperaufrichtung oder Körperausdehnung, wenn Sie damit experimentieren, wo für Sie bzw. für Ihr Bauchzentrum der beste Platz ist?
- Was fällt Ihnen jetzt zum Begriff Autonomie ein?

Sollten Sie Ihre Position stark verändert haben, richten Sie die anderen beiden Stationen danach aus, dass wieder das Ursprungsdreieck entsteht.

Station 2: Herz

Gehen Sie zur nächsten Station nach links vorne und leiten Sie Ihre Aufmerksamkeit und Wahrnehmung ins Herz (in den Brustbereich). Unterstützen Sie dies durch die Atmung. Sie atmen durch das Herz ein und aus. Dann verweilen Sie einen Moment und nehmen Kontakt zu Ihrem Herzen auf.

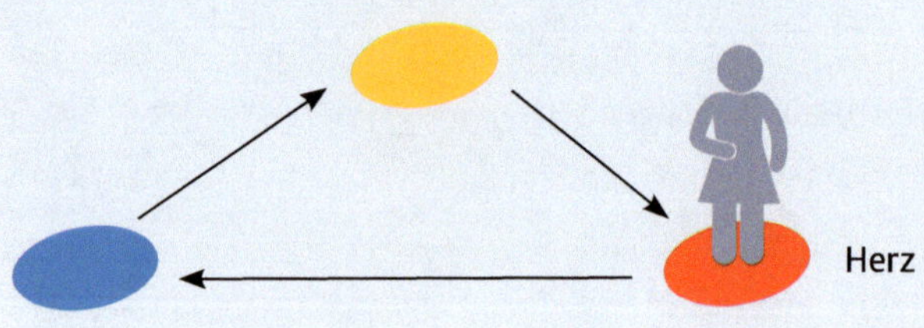

- Wie reagiert das Herz?
- Welche Form von Kontakt findet statt?
- Wie ist die Beziehung zwischen Ihrem Herzen und Ihnen? Können Sie mit dem Herzen kommunizieren?

Achten Sie darauf, was sich verändert, wenn Sie aus diesem Kontakt heraus Ihre Umwelt wahrnehmen.

- Verändert sich Ihre Wahrnehmung aus dem Herzzentrum heraus?
- Gelingt Ihnen der Zugang besser oder schlechter oder ist er einfach ganz anders?
- Was fällt Ihnen jetzt zum Begriff Beziehung ein?
- Was sind die Unterschiede zur vorherigen Station?

Station 3: Kopf

Gehen Sie nach rechts zur dritten Station und leiten Sie Ihre Aufmerksamkeit und Wahrnehmung in den Kopf. Nehmen Sie dazu die Atmung zu Hilfe: Stellen Sie sich vor, dass Sie nur über die Nase ein- und ausatmen, jeder Atemzug dringt wie frischer Pfefferminzhauch in den Kopf und kann ihn freier und klarer werden lassen.

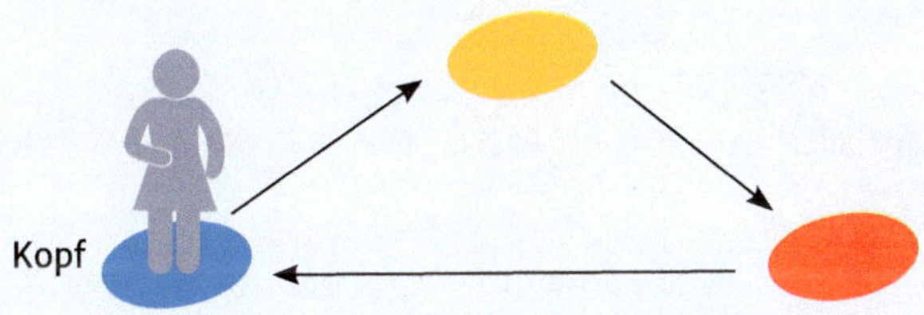

- Wie nehmen Sie Ihre Umwelt aus dieser Perspektive wahr?
- Wie ist es um Ihre Sehschärfe bestellt? Nehmen Sie im Raum andere Dinge wahr als vorher?

Der Kopf hat manchmal das Bedürfnis, sich zu drehen, damit er mehr sieht. Probieren Sie aus, was sich dadurch verändert.

- Was sind die Unterschiede zur vorherigen Position?
- Was fällt Ihnen jetzt zum Begriff Sicherheit ein?
- Was sind die Unterschiede zu den vorherigen Stationen?

Kernbedürfnisse II: Situationsanalyse

Ziel: Kernbedürfnisse situativ unterscheiden

Vergegenwärtigen Sie sich eine Situation, die noch nicht lange her ist, die Sie als unangenehm, belastend oder stressig erlebt haben. Schreiben Sie auf, was genau für Sie das Belastende und Unangenehme war, und fragen Sie sich selbst immer weiter: »Und warum war es für mich schlimm/ärgerlich/schwierig etc.?« Je schneller und spontaner Sie aufschreiben, desto besser!

Sie haben für Bauch, Herz und Kopf noch die Papierblätter o.Ä. am Boden oder legen sie erneut als Dreieck hin und begehen sie wieder im Uhrzeigersinn:

Station 1: Bauch
Lesen Sie Ihren soeben geschriebenen Text, während Sie mit der Aufmerksamkeit im Bauch sind. Was teilt Ihnen der Bauch mit, wenn er das hört?

Station 2: Herz
Lesen Sie den Text, während Sie mit der Aufmerksamkeit im Herzen sind. Was teilt Ihnen das Herz mit, wenn es das hört?

Station 3: Kopf
Lesen Sie den Text, während Sie mit der Aufmerksamkeit im Kopf sind. Was teilt Ihnen der Kopf mit, wenn er das hört?

Wenn Sie jetzt erfahren haben, welche Aspekte des Geschehenen im jeweiligen Zentrum in den Fokus gerückt sind, können Sie in die nächste Runde gehen:

Station 1: Bauch
Hat der Bauch mitbekommen, was die anderen beiden mitgeteilt haben, und was meint er dazu?

Station 2: Herz
Hat das Herz mitbekommen, was die anderen beiden mitgeteilt haben, und was meint es dazu?

Station 3: Kopf
Hat der Kopf mitbekommen, was die anderen beiden mitgeteilt haben, und was meint er dazu?

Solche Runden mit den drei Stationen kann man mehrfach durchlaufen. Wenn Sie den Eindruck haben, Sie haben alles Relevante erfahren, können Sie möglichst wertneutral reflektieren, was das Erlebte für Sie sowohl in der Betrachtung der vergangenen Situation bedeutet, als auch, was es an Informationen für zukünftige Situationen beinhaltet.

Kernbedürfnisse III: Spurensuche

Ziel: Reflexion über die drei Kernbedürfnisse im eigenen Leben

Vergegenwärtigen Sie sich die drei Begriffe Autonomie, Beziehung und Sicherheit. Was meinen Sie, wie sehr diese drei zentralen Aspekte in Ihrem Leben aktiviert und integriert sind?

Wieder ist es hilfreich, die Aufmerksamkeit in den Körper zu lenken (diesmal, ohne im Dreieck zu gehen): Wenn Sie während der Reflexion Reaktionen aus Ihrem Körper wahrnehmen, ist das unterstützend.

1. Stellen Sie sich die Beziehung zu Ihrem Partner, einem Ihrer Kinder, einem Elternteil, einem Bruder, einem guten Freund oder zu einer anderen nahestehenden Person vor.
   - ▶ Wie würden Sie die Beziehung zu dieser Person im Hinblick auf die Triade der drei Kernbedürfnisse einschätzen?
     - *Autonomie:* Hat jeder genügend Freiraum für sich?
     - *Beziehung*: Wie gut sind Sie in Kontakt miteinander? Sind Ihre Gefühle füreinander überwiegend positiv?
     - *Sicherheit:* Wissen Sie immer, woran Sie mit dem anderen sind und er mit Ihnen? Können Sie sich aufeinander verlassen? Werden Vereinbarungen eingehalten? Und so weiter.
   - ▶ Wie viel von welchem Kernbedürfnis bieten Sie jeweils an?
   - ▶ Wovon würden Sie selbst gerne mehr – oder auch weniger – bekommen?
2. Denken Sie an Ihre Arbeit (auch als Hausmann/-frau) oder an das Unternehmen, in dem Sie tätig sind.

- Was meinen Sie, wie stark die drei Kernbedürfnisse in Ihrem Arbeitsleben repräsentiert sind?
  - *Autonomie:* Wie sieht es mit Handlungsspielräumen aus, mit der persönlichen Freiheit, mit Gestaltungsmöglichkeiten und dem selbstständigen Arbeiten?
  - *Beziehung:* Wie ist das Verhältnis unter Kollegen, im Team, zum Chef oder Vorgesetzten? Welchen Wert stellt das Betriebsklima dar? Wie ist der kollegiale Austausch?
  - *Sicherheit:* Ist ausreichend Überblick und Orientierung vorhanden, was Ihren Arbeitsplatz, die Arbeitsplatzbeschreibung, Abläufe, Handlungsanweisungen und Richtlinien betrifft? Gibt es womöglich eine Über- oder Unterforderung?

Eine Betrachtungsweise auf Basis der drei Kernbedürfnisse schafft eine Strukturierung von Inhalten. Wenn wir erkennen, welches Bedürfnis besonders beeinträchtigt oder besonders gestärkt ist, wächst die Erkenntnis darüber, worum es uns geht, und wir können verstärkt kernbedürfnisorientiert agieren. So entsteht mehr Klarheit, welches der zugrunde liegende Motivationsantrieb im Sinne der Kernbedürfnisse ist, und dies lässt sich auch auf andere Bereiche anwenden. Diese drei Bedürfnisse als Quellen anzusehen – die fortwährend in einem agieren und dabei als gleichzeitig und gleichwertig aufzufassen sind – verringert das Risiko, dass man eines der Kernbedürfnisse, sprich also Bauch, Herz oder Kopf, zu stark ausbeutet. Denn wir haben oft mehr oder minder bewusst einen Hang dazu, ein Zentrum mehr einzusetzen als die anderen beiden.

Ein Kernbedürfnis als Präferenz

Zugleich zeigt die Erfahrung, dass man innerhalb der Triade eine Präferenz für eines der drei Kernbedürfnisse hat und dieses latent auch in den anderen Zentren mitschwingt. Wenn man das Verhalten anderer nicht ganz nachvollziehen kann, hat das oft mit dieser Präferenz zu tun.

Wer z. B. ein Fan des Kernbedürfnisses *Autonomie* ist, dem ist es besonders wichtig, sich selbst als frei und selbstbestimmt zu erleben, und er hält es für selbstverständlich, dass auch andere Personen ihre Freiräume maximal entfalten wollen oder sollten.

Wenn jemand vom Kernbedürfnis *Beziehung* besonders angetan ist, so wird er die Welt vermehrt mit diesem Filter wahrnehmen und besonders darauf achten, wie Beziehungen gestaltet sind und wie es um den Kontakt zwischen Menschen bestellt ist.

Wenn für jemanden das Kernbedürfnis *Sicherheit* an erster Stelle steht, wird er automatisch und unwillkürlich fortwährend feststellen, wann die Orientierung gegeben ist und wann er den Überblick verliert.

So gut wie jeder Mensch hat eine mehr oder minder bewusste Vorstellung davon, dass er mehr vom Bauch oder vom Herzen oder vom Kopf geleitet ist. Manchmal sind das nur Konzepte über einen selbst, aber oft liegen die Menschen durchaus richtig. Manche gehen so weit, von sich als Kopfmensch, Herzmensch oder Bauchmensch zu sprechen. Dies würde im Sinne des triadischen Prinzips den Schwerpunkt benennen, also den Grundton in der Triade beschreiben. Dieser Grundton zieht sich manchmal wie ein unsichtbarer Faden auch durch die anderen beiden Zentren. Wer jedoch *nur auf das eine Pferd setzt*, wird schnell merken, dass dies auf Kosten von bestimmten Aspekten seines Lebens geht. Aus triadischer Sicht braucht es immer eine Bauch-Herz-Kopf-Balance.

Der 3-Farben-Check

Die Kernbedürfnisse sind nicht nur körperlich vorhanden, sie repräsentieren auch zentrale Werte und beziehen sich somit automatisch und gleichzeitig aufeinander. Zudem kann ein Kernbedürfnis ohne die beiden anderen nicht dauerhaft und ressourcenvoll existieren.

Als Beispiel stellen Sie sich vor, dass Sie zu einer anderen Person eine an sich gute Beziehung haben: Sie mögen sich, und wenn Sie im persönlichen Kontakt sind, verstehen Sie sich bestens. Diese Person wird jedoch immer unzuverlässiger, und bei jeder Verabredung wissen Sie nicht, ob der andere viel zu spät oder am Ende überhaupt nicht kommt. Die Folgen sind Unsicherheit, mangelnde Orientierung und ein Gefühl von Ohnmacht bzw. eingeschränkter Handlungsfähigkeit. Dies hat wiederum Auswirkungen auf die Beziehung.

Man kann die Triade an jedem der drei Kernbedürfnisse starten und wird feststellen, dass erst alle drei zusammen in einen dauerhaft stabilen Zustand führen. Die jeweilige Gewichtung kann potenziell unbegrenzt variieren, aber die mangelnde Repräsentanz einer der drei Komponenten wirkt sich zwangsläufig auch auf die anderen beiden aus.

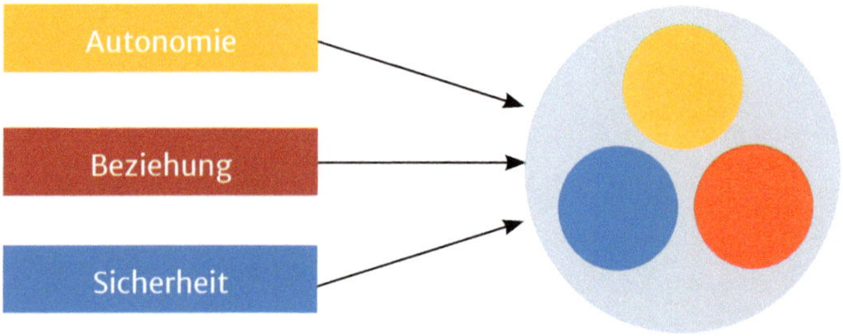

Abb. 2: Drei Farben

Bauch, Herz und Kopf sind nicht nur Zentren, mit denen man persönlich auf unterschiedliche Art und Weise in Kontakt treten kann. Die triadische Sichtweise auf andere Personen, auf Gruppen und Organisationen, auf unterschiedlichste Konstellationen und Situationen angewendet, ergibt immer ein interessantes Bild über die jeweilige Zusammensetzung und Gestaltung der Kernbedürfnisse.

Für die Analyse ist es hilfreich, sich der drei Grundfarben zu bedienen, denn dann erkennt man mit einem Blick, wo der Schwerpunkt liegt (s. Abb. 2). Die Farbzuordnung erfolgt aufgrund von zwei Überlegungen: Das Herz ist ein Muskel, der optimalerweise gut durchblutet ist. Es ist wohl kein Zufall, dass wir dem Herzen seit jeher die Farbe Rot zuordnen, denn sie gilt als warme Farbe, und *warmherzig* klingt positiver als *kaltherzig*.

Einen kühlen Kopf bewahren klingt positiver, als wenn man jemanden einen *Hitzkopf* nennt. Die kühle Farbe Blau drückt das aus. Jeder, der mal Fieber hatte, weiß, dass man in diesem überhitzten Zustand nicht gut denken kann.

So bleibt für den Bauch noch die Grundfarbe Gelb übrig.

- Gelb: Autonomie/Selbstbestimmtheit
- Rot: Beziehung/Kontakt
- Blau: Sicherheit/Überblick

Jetzt können Sie mit den Farben in den unterschiedlichsten Bereichen den 3-Farben-Check anwenden. Hier ein Beispiel: Wenn Sie sich auf eine neue Stelle bewerben, so können Sie die Stellenanzeige mit dem Fokus auf die drei Kernbedürfnisse lesen. Markieren Sie sich relevante Wörter/Sätze entsprechend den zugeordneten Farben. Weiter können Sie die Webseite des entsprechenden Unternehmens anhand der 3-Farben-Kriterien durchforsten. Sie werden sich bei Ihrer Analyse nicht nur weniger von großartigen Formulierungen oder schwammigen Aussagen ablenken lassen, sondern besser erkennen können, ob damit tatsächlich Werte repräsentiert sind und ob vielleicht ein Teilbereich nicht deutlich genug vertreten ist. Im Vorstellungsgespräch können Sie dann gezielt nach den farblich unterrepräsentierten Aspekten fragen.

Der 3-Farben-Check ist ebenso dafür geeignet, Ihre eigene Arbeitsweise zu analysieren. Man kann ihn auf die eigene Führungskompetenz anwenden – sei es gegenüber Mitarbeitern, Kollegen, Kindern oder sogar Haustieren.

Vielleicht stellen Sie fest, dass Sie Fan eines bestimmten Kernbedürfnisses sind, und meinen, dass die anderen beiden sich schon daraus entwickeln würden. Je nach Projekt, Lebenssituation oder den aktuellen Anforderungen mögen eine oder auch zwei der Farben vorherrschen. In jedem Falle ist der 3-Farben-Check hilfreich dabei, dies zu erkennen und möglichst die erforderliche Balance von Autonomie, Beziehung und Sicherheit zu erreichen – immer wieder neu und jeweils angepasst an die aktuelle Situation.

2 DIE TRIADE VON BAUCH, HERZ UND KOPF

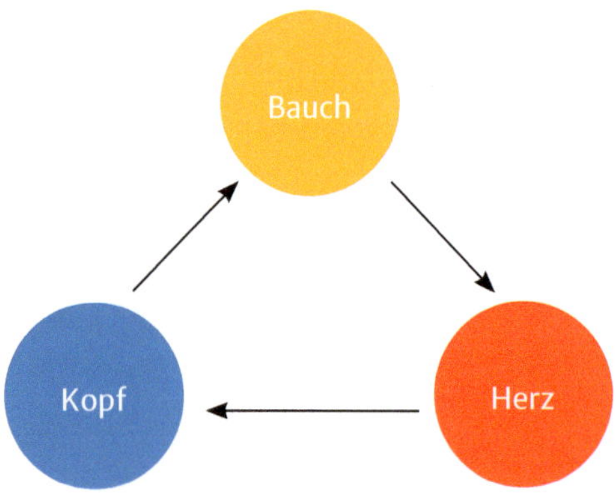

Abb. 3: Die Triade von Bauch, Herz und Kopf

Die ABS-Kernbedürfnisse sind in den drei Körperregionen *Bauch*, *Herz* und *Kopf* repräsentiert (s. Abb. 3). Es gibt also eine körperliche Entsprechung für Autonomie, Beziehung und Sicherheit. In einer Vielzahl an Redewendungen wird deutlich, dass wir den jeweiligen Zentren unterschiedliche Kompetenzen zuschreiben: »Da habe ich nicht auf meinen Bauch gehört« oder »Da hat sich der Kopf eingeschaltet« oder »Da bin ich der Stimme meines Herzens gefolgt«.

Diese Formulierungen zeigen: Wir brauchen einen Zugang in der Selbstbegegnung, damit diese Empfindungen, Zustände und Stimmen in uns besser sortiert und damit deutlicher werden. So liegt es nahe, dass man diese drei Zentren auch gezielt sprechen lässt. Denn man möchte sich als Besitzer natürlich auch einen Überblick verschaffen, was da los ist, und kein stetes Stimmengewirr in sich hören.

Es gibt auch Seiten in uns, die sprechen wenig oder nur ganz leise und zeigen sich eher über Körperempfindungen. Symptome wie Rückenschmerzen, Kopfdruck, Magenschmerzen etc. sind oft Ausdruck von Stimmen in uns, die sonst nicht zu Wort kommen. Es ist nicht immer so, dass man nicht *hören will* und deshalb *fühlen muss*, sondern die Ausdrucksweise unseres gesamten Organismus geht weit über die Sprache hinaus. Wenn man die drei Zentren wie ganze Personen behandelt, fühlen sie sich ernst genommen, sie werden fassbarer und können als Team untereinander auch besser agieren. Bauch, Herz und Kopf sind schon verkörpert und erleben durch das Ordnungsprinzip der Triade mehr Bewusstsein und mehr Ausdruck – damit können sie wirksamer werden.

Drei unterschiedliche Kompetenzen

Es ist offensichtlich, dass Bauch, Herz und Kopf unterschiedliche Kompetenzen haben. Das berühmte *Bauchgefühl* besagt, dass man zu einer Entscheidung/Einschätzung gekommen ist, ohne genau zu wissen, wie und warum; es war schnell und fühlte sich irgendwie gewiss an. *Mit Herzblut dabei sein* weist auf ein persönliches Engagement hin, dass man ganz bei der Sache ist und persönlich eingebunden, und der *kühle Kopf* zeigt, dass man nicht zu impulsiv oder emotional ist und dass man das, worum es geht, reflektiert. So ist es natürlich, dass »Meinungsverschiedenheiten« zwischen den drei Zentren entstehen. Wahrscheinlich hat jeder Mensch schon erlebt, dass widerstreitende Gedanken und/oder Ansichten durch den Kopf und natürlich auch durch den Körper schwirren. Dann entsteht ein Datensalat, in dem mal die eine Information wesentlich erscheint, um im nächsten Moment von einer anderen Information abgelöst oder übertönt zu werden. So entstehen Zustände, die scheinbar unentwirrbar oder unlösbar sind. Das Ziel im Kontakt mit den drei Zentren lautet: Sie erkennen sich untereinander an, dass jede »Abteilung« etwas kann und für etwas steht, das die anderen nicht können, und dass wir also auf keine von ihnen verzichten können.

Die Triade der drei Kompetenzzentren könnte man auch mit einem Besteckkasten vergleichen: Messer, Gabel und Löffel. Je besser man weiß, wozu man das einzelne Besteck benutzen kann, desto hilfreicher ist es. So versucht man nicht, die Suppe mit der Gabel zu essen und das Brot mit dem Löffel zu schneiden. Man kann seinen Besteckkasten auch noch erweitern durch kleine Löffel oder Gabeln, Buttermesser etc. Aber das Grundprinzip bleibt immer erhalten. Dadurch hat man selbst den Überblick und kann sich ohne weitere Kontrolle auf diese Ordnung weitgehend verlassen.

In ähnlicher Weise schafft die Aktivierung von Bauch, Herz und Kopf einen übersichtlichen Rahmen, wobei sich die zugehörigen Kernbedürfnisse als drei körperbasierte Kraftquellen erweisen.

Menschen kommunizieren mit ihrer Umwelt über den ganzen Körper, mit dem sie unablässig Informationen senden und aufnehmen. Das geschieht so selbstverständlich, wie der Atem kommt und geht, nur mit einer ganz anderen Geschwindigkeit. Die mit Bauch, Herz und Kopf verknüpften Redewendungen zeigen, dass es eine unwillkürliche und geradezu natürliche Auffassung über die Aufteilung des Körpers in diese drei Regionen und die mit ihnen unmittelbar verknüpften Kompetenzen und Bedürfnisse gibt. Wenn jemand sagt, etwas sei *nicht gerade eine Herzensangelegenheit*, dann bezieht er sich auf das Herz. Er hat somit ein Unterscheidungsvermögen und sagt damit zugleich, dass es sehr wohl auch Herzensangelegenheiten gibt. Und die Aussage, *man sei ganz und gar kopfgesteuert*, besagt zugleich, dass es noch etwas anderes gibt, sonst würde sie sich gar nicht auf den Kopf beziehen. Und wenn jemand bedauert, dass *er nicht auf seinen Bauch gehört hat*, dann hat er offensichtlich auf etwas anderes gehört.

Tatsächlich ermöglicht der Fokus auf diese drei Entscheidungsgestalter und die darin enthaltenen Kernbedürfnisse eine natürliche Sortierung der im Körper abgespeicherten Informationen.

Interessanterweise ist der Glaube daran, dass man faktenbasiert und ganz rational die sichereren oder besseren Entscheidungen treffen könne, recht weit verbreitet. Dass dies an den Körper geknüpft ist und dort auch verarbeitet wird, ist meist nicht so klar. Das ist auch verständlich, denn wir haben ja auch kein Bewusstsein für das Zusammenspiel unserer Hormone, die Funktion unserer Organe etc. So überschätzt man sich fortwährend in dem, was man vermeintlich bewusst steuern kann.

Und so ist die Reflexion darüber, welche Gewichtung wohl das jeweilige Zentrum für eine bestimmte Entscheidung erhalten soll, hilfreich und erhellend. Wenn man jetzt ein Ordnungsprinzip hat, welches ermöglicht, dass alle Meinungen in einem selbst zu Wort kommen, und es auch noch eine sinnvolle Reihenfolge gibt, in der das geschieht, so hat man den Zugang auch zu den Stimmen, die vielleicht leiser sind oder sich mehr über Körperempfindungen ausdrücken. Sonst besteht das Risiko, dass die inneren Stimmen, die in der ersten Reihe sitzen und sich ungefragt zu Wort melden, oder diejenigen, die sehr schnell oder besonders redegewandt sind, mehr Aufmerksamkeit und Gewichtung erhalten als diejenigen, die weniger aktiv sind und nicht so sehr im Vordergrund stehen.

Ordnung schaffen

Auch in Alltagssituationen eignet sich die Triade als Ordnungssystem, welches das Risiko von Dilemmata verringert, indem es den Zugang zu den körperlichen und unbewussten Ressourcen öffnet. Dass man die Anteile »Bauch«, »Herz « und »Kopf« nennt, ist weitestgehend wertneutral. Denn manchmal mobben wir uns selbst, indem wir einer Stimme oder Kraft in uns einen Namen oder ein Label verpassen: »Das hat mein innerer Kritiker gesagt« oder »der Antreiber in mir« klingt nicht nur negativ, sondern auch so, als ob man es nicht selbst sei.

Die meisten Menschen haben mehr oder minder eine Idee davon, ob sie mehr von Kopf, Herz oder Bauch gesteuert sind. So wirkt die Einladung, etwas mehr über die Zentren zu erfahren, die sie selbst vielleicht nicht so im Fokus haben, durchaus interessant.

Bei Kindern kann man gut beobachten, dass sie einen sehr natürlichen Zugang zu den unterschiedlichen Kräften und Interessen in sich haben. »Engelchen« und »Teufelchen« kennen fast alle Kinder in irgendeiner Form, und sie haben meist einen lustvollen Zugang zu diesen beiden Stimmen. So finden sie es auch ganz normal, aus Bauch, Herz und Kopf zu sprechen.

Es gibt heute zahlreiche Menschen, die schon sehr viel Selbsterfahrung haben und Atemtechniken, Yoga, Meditation etc. praktizieren, also eine Art innere Kulturlandschaft pflegen. Sie greifen aus gutem Grund in ihr eigenes Ökosystem ein und entwickeln in der Folge Konzepte darüber, was gut und richtig für sie ist. Es bleibt jedoch immer noch ein größerer Bereich, über den man trotz aller Selbsterfahrung nicht Bescheid weiß, weil er eben unbewusst ist. Je umfangreicher die Konzepte sind, desto überraschter ist man, wenn der Körper anfängt, autonom zu kommunizieren, und so die Aufteilung des Körpers in die drei Zentren als natürliches Ordnungsprinzip erlebt.

Deshalb ist es auch sinnvoll, Bauch, Herz und Kopf direkt anzusprechen:

- Wenn der Bauch sprechen könnte, was würde er über seine Rolle im Leben von ... sagen?
- Wenn das Herz sich ausdrücken möchte, woran würden Sie das merken, und was würde es Ihnen sagen?
- Wenn der Kopf seine Sichtweise über den Zustand von ... schildern dürfte, was würde er berichten?

3 WER IN MIR SPRICHT GERADE?

Bisher war die Rede von Autonomie, Beziehung und Sicherheit als Kernbedürfnissen sowie von Bauch, Herz, und Kopf als Kompetenzzentren und als Ordnungsprinzip. Im Folgenden sprechen wir von *inneren Anteilen*: Die verschiedenen Altersstufen, die wir in unserem Leben durchlaufen, leben in uns weiter. So haben wir Zugriff auf all die Jahre, die wir schon erlebt haben. Und umgekehrt haben diese auch Zugriff auf uns. Wir sind also im Laufe eines Tages in unterschiedlichen Altersstufen anzutreffen. Das macht die Fülle des Lebens aus, und die Möglichkeit, wechseln zu können, schafft den Zugang zu Quellen, die uns erfrischen und beleben können. Es gibt auch jüngere Anteile, die eher verletzt oder gar traumatisiert sind und auf eine empfindsame Seite in uns hinweisen. Und manchmal ist ein ressourcenreicher Anteil nicht an das körperliche Alter seines Besitzers angebunden und übernimmt trotzdem mal kurz oder auch länger die Führung.

> Der Vater hilft seinem Sohn beim Umzug, der hat noch ein paar Freunde gebeten mitzuhelfen. Der Vater packt beim Klavier mit an

> und verkündet, dass er solche Dinger früher locker in den 4. Stock getragen habe. Kaum hebt er an seiner Seite hoch, fährt es ihm wie der Blitz in den Rücken. Sein wahrscheinlich etwa 20-jähriger Anteil hatte die Führung übernommen. Der fühlte sich unter Gleichaltrigen und hatte kurz mal kein Bewusstsein mehr dafür, dass sein Körper 58 Jahre alt ist.

> Ein Picknick auf der Wiese: Zwei Freundinnen Mitte 40 unterhalten sich über den neuen Partner der einen. Dann pflückt diejenige mit dem neuen Partner plötzlich ein Gänseblümchen und zupft die Blütenblätter: Er liebt mich, er liebt mich nicht ... Wahrscheinlich ist hier auch ein deutlich jüngerer Anteil am Werk.

> Jemand erlebt, wie ihm auf dem Weg zur Arbeit die Straßenbahn vor der Nase wegfährt. Normalerweise achtet er sonst stets darauf, immer sehr frühzeitig loszugehen. Jetzt bekommt er richtig Herzklopfen, und leichte Panik steigt auf. Plötzlich taucht eine Erinnerung auf, wie er als Grundschüler den Bus verpasst hat und aus Angst vor der Schelte der Eltern lieber den ganzen Weg zur Schule gelaufen ist. Durch ein Ereignis in der Gegenwart wurde der Schuljunge in ihm aktiviert.

Strategien, die mal wirksam waren, um ein Hochwasser zu managen, einen Krankenhausaufenthalt oder eine schwierige Schulsituation zu bewältigen, bleiben einem manchmal ein Leben lang erhalten, obwohl der Wasserpegel schon vor 30 Jahren gesunken ist, man nicht mehr 4 Jahre alt ist und die Schulzeit schon lange zurückliegt. So gibt es Anteile in uns, die über Jahrzehnte weiter in ihrem bewährten Modus agieren. Dann können bestimmte Auslöser im normalen Alltag innerlich für Stress sorgen.

Bauch, Herz und Kopf wie Personen behandeln

Im Gesamtkörper reden naturgemäß alle durcheinander, und man weiß: Die mit der lautesten Stimme oder die Schnellsten haben dann die meiste Sendezeit. Auch herausfordernde Stimmen in uns, die auf ihre eher belastenden Themen hinweisen, beanspruchen unsere Gedanken, Gefühle und Handlungen.

Wie in einem Parlament gibt es in der Psyche Anteile, die mehr an den »Regierungsgeschäften« beteiligt sind als andere. Manchmal übernimmt ein Anteil die gesamte Kontrolle, dann entspricht das eher einem Alleinherrscher. Oder ein verletzter oder jüngerer Anteil wirkt in einer Person so stark, dass sie davon dominiert wird. Per se ist das Gefüge in uns selbst nicht automatisch demokratisch angelegt. Das ist nachvollziehbar, denn es geht ums Überleben, und je herausfordernder Lebenssituationen sind, desto schneller muss der Mensch agieren und reagieren.

Innere Anteile als Bauch, Herz und Kopf ansprechen

Die Aktivierung innerer Anteile mithilfe von Bauch, Herz und Kopf ermöglicht es auf einfache Weise, sich selbst zu begegnen und in einer geordneten Form mit sich selbst zu reden. Indem wir die Anteile wertneutral als »Bauch«, »Herz« und »Kopf« ansprechen, werden sie nicht auf eine vorherrschende Eigenschaft reduziert, wie das etwa beim Begriff »innerer Kritiker« der Fall wäre. Sicherlich lässt sich am sogenannten inneren Kritiker eine nützliche Seite oder seine ursprünglich positive Absicht entdecken, aber mit einem solchen Namen bezieht man sich auf ein Reaktionsmuster, das besonders aktiv ist, und ignoriert womöglich andere Schichten dieses Anteils. Außerdem lässt sich nicht klar unterscheiden, ob er womöglich »infiziert« ist, denn so, wie unser Körper sich mit fremden Erregern infizieren kann, gibt es auch »psychische Infektionen« durch andere Personen: Die Stimmen in uns haben manchmal von jemandem Ansichten, Werte, Überzeugungen oder auch Emotionen übernommen.

Mit dem triadischen Prinzip braucht es keine Zuschreibungen, wie man jemanden nennen soll, der in einem spricht. Wir fokussieren lediglich darauf, in welchem Zentrum sich ein Anteil ausdrückt bzw. zu Wort meldet.

Was sind die Vorteile?

- Der Körper entscheidet, was an die Oberfläche gebracht wird.
- Die Steuerungsfähigkeit bleibt erhalten.

- Es wirkt natürlicher, mit dem Bauch, dem Herz und dem Kopf zu sprechen.

Ein Plädoyer für das Echtzeitalter

Wenn man sich zugesteht, dass man in sich Seiten hat, die durchaus jünger sind, so hat man auch den Zugang zu den damit verbundenen Qualitäten und Erfahrungen. Jedoch sollte man jüngeren Anteilen, die manchmal nicht rechnen und lesen können, nicht die »Regierungsgeschäfte« der eigenen Psyche überlassen, denn das kann richtig »teuer« werden – nicht nur im finanziellen Sinne, sondern auch im Hinblick auf eine möglicherweise erhöhte allgemeine Risikobereitschaft, weshalb nicht mehr besonnen abgewogen wird.

Dann wiederum gibt es jüngere Anteile, die sehr verletzlich sind, die sich früher nicht gesehen gefühlt haben oder die von jemandem abgewertet wurden etc. Wenn man eine sehr starke Empfindlichkeit entwickelt und sich dies sehr grundsätzlich anfühlt, dann ist das oft ein Hinweis auf derartige Anteile. Sie werden häufig durch einen Auslöser aktiviert und überfluten dann ihren Besitzer mit ihren schmerzlichen oder wütenden Emotionen.

Es gibt auch jüngere Anteile, die als starke Ressource dienen können, weil sie auf einen Lebensabschnitt verweisen, in dem der Klient mehr Kraft, Zuversicht oder Unbekümmertheit hatte. Wenn jemand sagt: »Ich fühle mich viel jünger, als ich bin«, dann kann das positiv sein für Situationen, in denen es passt. Aber »Schrumpfen«, wie Michael Bohne es nennt, ist sehr oft auch ein großer Stressor. Dann wird klar, dass man nur im »Echtzeitalter« oder »Ausweisalter« Zugriff auf die ganze Kompetenz und Erfahrung seines Lebens hat.

Sich jünger zu fühlen, als man ist, ist ja sehr beliebt. Man kann das jedoch nicht dauerhaft empfehlen. Woher weiß man dann, wie man sich mit seinem tatsächlichen Alter fühlen würde? Da haben Kinder mehr Weisheit: Sie wissen, dass es ein echter Gewinn ist, *älter* zu werden, weil es einen Kompetenz- und Erfahrungszuwachs bedeutet. Denn dann bewohnt man ja einen Körper, der real so viele Jahre gelebt hat, wie man alt ist. Das sagt aber z. B. noch nichts über die eigene Fitness aus. Es ist dem Körper gegenüber respektvoller, dass er das Alter haben darf, welches er tatsächlich hat.

Manche Leute trifft es wie ein Paukenschlag, wenn sie erfahren, dass sie so alt sind, wie es im Ausweis steht. Dabei hat doch jedes Lebensalter seine eigene ihm spezifische Würde – von der Geburt bis zum Tod. Dem Jugendlichkeitswahn anheimzufallen kann einem die Würde nehmen. Es gibt inzwischen den Ausdruck »Beenager«: eine Mischung aus *Teenager* und *Best Ager.* Oft kann man an den Reaktionen der eigenen Kinder merken, dass diese sich einen deutlichen Unterschied wünschen. Der Vater soll nicht die gleichen Turnschuhe und die Mutter nicht den gleichen Rock tragen. Jeder Tag, den wir gelebt haben, bringt uns ein Mehr an Erfahrung. Wer sich ewig wie 20 fühlen möchte, der gerät unter Umständen in eine Zeitschleife wie im Film *Und täglich grüßt das Murmeltier.*

> Um die Ressourcen und Qualitäten jüngerer Anteile zu nutzen, muss man nicht jünger werden!

Wenn die ursprünglich angenommene Haltung eines inneren Anteils nützlich und überlebensnotwendig war, dann hat er die Tendenz, in diesem Zustand zu bleiben. Er konserviert sich aus sich selbst heraus.

Neue Informationen können die Reifung und Entwicklung eines Anteils unterstützen. Aber wir wissen alle, dass man oft so weitermacht wie bisher, weil es vertraut ist. Schon ein neues Update auf dem Handy empfinden manche als stressig. Manchmal weiß man nicht, dass ein Anwendungsproblem beim Fernseher, beim Handy und inzwischen sogar bei smarten Kühlschränken nur daran liegt, dass kein Update erfolgt ist. Genauso ist es in der Psyche: Es gibt Anteile, die noch mit uralter Software laufen und die manchmal gar nicht mitbekommen haben, welches Jahr wir eigentlich schreiben.

Wenn der gesamte Körper aktiviert ist, fließen Informationen wieder besser zwischen den verschiedenen Regionen, und das hat auch Auswirkungen auf die Psyche. Wie viel Update, wann und bei wem: Das entscheidet Ihr eigener Prozess und nicht Sie als Gesamtperson, was zwar fast das Gleiche ist, aber eben nur fast.

Durch die Updates der inneren Anteile wird das psychische System beweglicher. So kann Integration besser gelingen und mehr Steuerungsfähigkeit innerhalb der Psyche entstehen. Wer die Kernbedürfnisse von Autonomie, Beziehung und Sicherheit im Innenverhältnis stillen kann, ist weniger davon abhängig, dass sie von außen erfüllt werden. Die psychische Immunabwehr wird so deutlich erhöht.

Brennende Leidenschaft als Risikofaktor

Dann gibt es noch den Fall, dass man absolut überzeugt ist und für etwas *total brennt*! Wenn man sich einer Sache so gewiss ist, setzt das oft eine große Menge an Energie und Einsatzbereitschaft frei. Wenn ein anderer gerade für etwas *Feuer und Flamme ist*, kommt man sich geradezu wie ein Miesepeter vor, wenn man Einwände oder andere Argumente hervorbringt. Wenn wir uns vergegenwärtigen, in welchem Lebensabschnitt dieses Phänomen der brennenden Begeisterung besonders häufig vorkommt, können wir es am ehesten bei den Heranwachsenden verorten. Wahrscheinlich erinnert sich jeder daran, dass er als Jugendlicher von bestimmten Themen, Ansichten und Inhalten sehr überzeugt war, und manches davon hat sich dann im Lauf des Lebens relativiert. Interessanterweise existieren in diesem Zusammenhang einige Begriffe, die mit Feuer, Brennen etc. zu tun haben. Auch die Frage danach, ob es nicht nur ein *Strohfeuer* ist, stellt sich häufig. So lohnt es sich, innezuhalten und die Stimmen in uns mit einzubeziehen, die Kompetenzen und vielleicht auch eine andere Sicht zur Verfügung stellen können. Denn die ganz leidenschaftlichen Anteile in uns, die oft jünger sind als unser Ausweisalter, haben eine viel höhere Risikobereitschaft und unter Umständen auch nicht den langen Atem, den es manchmal braucht, um das umzusetzen, was einem ganz zentral wichtig ist.

Allparteilichkeit sich selbst gegenüber

Wir haben jetzt schon erfahren, dass in uns raffinierte Marketing-Abteilungen am Werk sind. Dies ist natürlich, da es unterschiedliche Bedürfnisse und damit verbundene Werte gibt, die alle ihre Berechtigung haben. So meinen wir manchmal, dass wir auf *die Stimme der Vernunft* hören. Was zeichnet diese Stimme aus? Sie ist meist für das zuständig, was man als *richtig* und *sinnvoll* ansieht. Dann wieder gibt es Stimmen, Impulse, Zustände – oder wie man das auch immer benennen mag –, die für etwas ganz anderes plädieren, das vielleicht weniger vernünftig ist, aber mehr Spaß macht oder einfacher ist.

Wenn all diese Stimmen und Abwägungen in uns zum Zuge kommen sollten, wären wir überfordert. Auf welche Stimme man in sich hört, ist oft abhängig vom Kontext, von der momentanen Situation. Wir neigen dazu, manchen Stimmen mehr Gehör zu schenken und diese als stimmiger, richtiger, hilfreicher zu empfinden. Manchmal sind das Seiten in uns, die uns mehr Kontrolle, mehr Wirksamkeit versprechen. Und dann heißt es wieder: »Was soll's, man muss sich auch mal was gönnen!« oder »Man kann auch mal fünf grade sein lassen!«. Diese eher lust- oder spaßorientierten Stimmen schütten meist mehr Belohnungshormone aus als die vernunftorientierten. Dann wiederum gibt es Zustände oder Stimmen, die einen runterziehen, die die Welt etwas grauer oder bedrohlicher erscheinen lassen.

Allparteilich sich selbst gegenüber heißt: Man akzeptiert, dass gewisse Zustände, unangenehme Gefühle und Impulse, die Verlockungen des »inneren Schweinehunds« (was kein sehr wertschätzender Begriff ist), und vieles mehr nicht nur real vorhanden, sondern tatsächlich auch Ausdruck wesentlicher Aspekte der eigenen Person sind. Mehr über sich selbst erfahren kann man nur, wenn man nicht allzu sehr mit Vorurteilen, Klischees und Moralität behaftet ist. Stellen Sie sich vor, jemand lernt Sie kennen und startet sofort mit der Aussage: »*Sie sind ja ein ganz schwieriger/unzuverlässiger/humorloser/fieser Zeitgenosse! Wie kann man Sie denn am besten mundtot machen oder loswerden?*« Genauso begegnen wir Zuständen, Emotionen oder Schmerzen in uns, wenn wir sie nur als nervend, unberechenbar, unangenehm oder bedrohlich erleben.

Nun ist es allerdings etwas zu viel verlangt, dass wir unangenehmen oder gar schmerzhaften Zuständen mit großer Begeisterung begegnen. Allparteilichkeit heißt: Man versucht, sich in die

Perspektive des Zustandes, der Emotion hineinzuversetzen. Das ist nicht das Gleiche, wie wenn man von solch einem Gefühl übermannt wird oder nur noch der unangenehme Zustand *ist*. Man schaut sich an, was denn genau das Wesen dessen ist, was man vielleicht »weghaben« möchte. Dies kann die Distanz in einem selbst schaffen, aus der heraus man den Zustand besser wahrnehmen kann und dadurch mehr Verständnis für sich selbst gewinnt.

> Diese Allparteilichkeit gelingt dann besonders gut, wenn man sich als ganze Person wieder an das eigene Echtzeitalter erinnert.

4 KONFLIKT-MANAGEMENT MITTELS TRIADE

Wer sich in der Beziehung zu sich selbst und mit anderen fortwährend im Kreis dreht und längst verjährte Vorwürfe konserviert, dessen Energie ist gebunden – und damit seine Lösungskompetenz zu einem mehr oder weniger großen Teil blockiert. In Beziehungen – seien sie beruflicher oder privater Natur – zu verharren, die mehr Stress als Gewinn bedeuten, kann zu einer Schwächung führen. Den eigenen Körper zu erleben, wie er spontan zum Ausdruck bringt, was er gut und was er nicht gut verträgt, ist eine zentrale Unterstützung für Entscheidungen.

Wenn es um Ernährung geht, sind viele Menschen in recht hohem Maße dafür sensibilisiert, was sie vertragen und was nicht. Sie wissen, was ihnen schmeckt und was nicht. Wenn man dieses Prinzip auf Entscheidungen anwendet, dann kann deutlich werden, dass es nicht um ein Lustprinzip geht, sondern um eine nachhaltige, ausgewogene und abwechslungsreiche psychische Ernährung. Die drei ABS-Bausteine der Kernbedürfnisse lassen sich immer wieder neu kombinieren, abschmecken und abwägen. Wer so in seinem Beziehungsgeflecht mehr Klarheit gewinnt – vor allem über sich selbst und die eigenen Bekömmlichkeiten –, der kann auch dafür Verantwortung übernehmen, was er verträgt und was nicht.

ABS-Check in Beziehungen

Die Kernbedürfnisse stehen in steter Wechselwirkung sowohl in uns als auch mit anderen. Das, was zwischen Menschen abläuft, ist manchmal nicht klar zu sortieren, oder man schließt von sich auf andere und hält etwas für selbstverständlich, das für andere nicht so zentral ist. So wird es immer wieder Situationen geben, in denen man seine Erwartungen nicht so leicht aufgeben kann bzw. möchte oder in denen sich ein Vorwurf jemand anderem gegenüber hartnäckig hält. (Hier dienen die *PS-Knoten* als Leitfaden und Check, s. Kap. 9 unter »Das psychische Immunsystem«.)

Konflikte entstehen dann, wenn Interessen und Bedürfnisse unterschiedlich sind und das, was man selbst möchte oder sich wünscht oder für selbstverständlich hält, nicht erfüllt wird. Manchmal erscheinen uns diese Konflikte als unlösbar, da sich unterschiedliche Positionen unversöhnlich gegenüberstehen. In Beziehungen besteht ein steter, mehr oder weniger bewusster Austausch zwischen den drei Kernbedürfnissen Autonomie, Beziehung und Sicherheit.

Wenn man sich über den anderen ärgert, wenn man frustriert oder enttäuscht ist, entstehen mit der Zeit eingefahrene Reaktionsmuster. Wie kann man sich das konkret vorstellen? Hier ein alltägliches Beispiel – Sie werden sicherlich noch mehr Gründe finden, warum man von einer unaufgeräumten Kaffeeküche genervt sein kann.

> Ein Kollege ärgert sich, dass in der Kaffeeküche mal wieder alle Tassen nur in der Spüle stehen und keiner aufräumt. Er könnte sich selbst genauer fragen, was denn für ihn das Nervige daran ist. Es gibt drei Möglichkeiten für den Mangel in einem der drei Kernbedürfnisse.
>
> *Kernbedürfnis Autonomie:*
>
> Es gibt keine saubere Tasse mehr, er wollte sich nur ganz kurz in der Küche einen Kaffee holen und muss jetzt erst einmal abspülen.

> Das sieht er nicht ein, und er ärgert sich, dass er nun Zeit investieren muss, wodurch seine Selbstbestimmtheit eingeschränkt ist.
>
> *Kernbedürfnis Beziehung:*
>
> Er findet es nicht wertschätzend von den Kollegen, dass diese so rücksichtlos sind und nicht das kollegiale Miteinander im Blick haben: »Wenn wir ein wirklich gutes Team wären, dann wäre alle rücksichtsvoller.«
>
> *Kernbedürfnis Sicherheit:*
>
> Es fehlt ihm der Überblick, die Orientierung, wer denn in der Küche wann zuständig ist. Ein Küchenplan würde ihm helfen, dann wüsste er, wer wann welche Aufgaben hat.

Ich lade Sie jetzt ein, sich als Übung mit einer Konfliktsituation aus Ihrem Leben zu beschäftigen: Was genau daran ist/war denn das Ärgerlichste, Stressigste etc.? In welches der drei Kernbedürfnisse führt Sie Ihre Analyse?

Das bringt mich in Rage

Denken Sie an eine Situation, die Sie zuverlässig in Rage bringt. Steigern Sie sich ruhig hinein und schreiben Sie dann auf, was genau Sie daran so nervt: Was ist das Schlimme/Unmögliche/Empörende für Sie daran? Jetzt gehen Sie auf die Suche, wodurch es denn so schlimm ist. Die Leitfragen hierfür, wenn Sie an die Situation/das Verhalten denken, lauten:

- Werde ich wütend?
- Werde ich traurig?
- Werde ich ängstlich/mache ich mir Sorgen?

Sie starten mit der Emotion, die als Erstes »angesprungen« ist. Sie gehen jetzt nicht mehr in den Inhalt oder die Beschreibung der Situation, sondern bleiben dabei, was Ihr erstes Gefühl war.

- Weist meine Wut auf Ohnmacht hin?
- Weist meine Traurigkeit auf gestörten/mangelnden Kontakt hin?
- Weist meine Sorge/Angst darauf hin, dass ich nicht weiß, woran ich bin?

Wenn Sie diese Fragen lesen, werden Sie wahrscheinlich merken, dass es oft gar nicht so einfach ist, die Kernbedürfnisse sortiert zu bekommen.

Dann fragen Sie sich weiter, woran Sie merken würden, dass sich für Sie in Bezug auf die Situation etwas positiv verändert. Welches der drei Kernbedürfnisse wäre als Erstes gestillt?

Diese Art von Reflexion durchzuführen ist eine interessante Übung. Denn wenn einem noch nicht klar ist, was denn in einem Konflikt das Stressige für einen selbst ist, dann landet man nur allzu schnell beim Inhalt oder Verhalten. Und wenn man dies dem anderen dann unsortiert zur Verfügung stellt, ohne selbst so genau zu wissen, worum es einem letzten Endes geht: Was möchte man dem anderen dann eigentlich klarmachen?

Die Kernbedürfnisse im Uhrzeigersinn

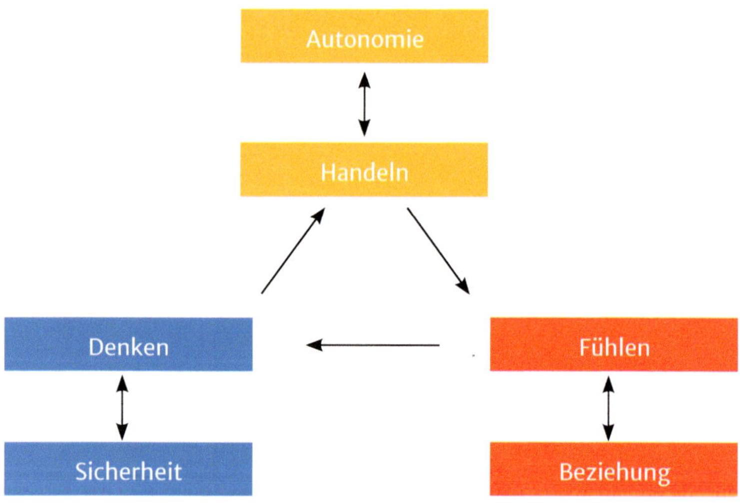

Abb. 4: Fühlen, Denken, Handeln

Um Eskalationen in Konflikten zu reduzieren und die eigene Steuerungsfähigkeit zu behalten, ist es sinnvoll, in der Triade bzw. bei der Beachtung der Kernbedürfnisse eine Reihenfolge einzuhalten

(s. Abb. 4). Je nachdem, an welchem der drei Kernbedürfnisse in der Situation Stress entsteht oder ein Mangel vorhanden ist, erschließt man sich die weiteren Schritte von diesem Standpunkt aus. Das Ziel ist, dass man alle drei Komponenten für eine positive Veränderung in einem selbst nutzt. Da bei Konflikten Emotionen im Spiel sind, wird im Folgenden die Eintrittspforte »Beziehung/Gefühl« beschrieben. Je nach Kontext und Situation kann der Eintritt auch über einen der anderen beiden Begriffe erfolgen. Wenn man von starken Emotionen ausgeht, also mit seinen Gefühlen im Kontakt ist (B), dann sollte man sich darin erst einmal selbst den Überblick verschaffen (S), um orientiert zu sein, worum es einem geht. Erst dann geht es zur nächsten Station, zur Handlung (A). Diese starken Gefühle können sowohl positiv wie negativ sein. Denn auch bei positiven Gefühlen kann man manchmal über das Ziel hinausschießen.

> Stellen Sie sich vor, Sie sehen Ihren Neffen nach Jahren wieder und freuen sich ungemein (B)! Dieser ist inzwischen jedoch 16 Jahre alt und wartet nicht unbedingt darauf, von seiner Tante oder seinem Onkel umarmt zu werden (A). Mit dem Zwischenschritt der Reflexion (S) bekommt man eher mit, ob das jetzt für das Gegenüber passend und gewünscht ist.

> Ein junger Mann, der seit einem Jahr im Unternehmen arbeitet, fühlt sich zunehmend unzufrieden, weil er regelmäßige Feedbackgespräche mit seinem Vorgesetzten vermisst (B). Als dieser noch immer keinen konkreten Terminvorschlag parat hat, geht er schnellen Schrittes in das Büro des Chefs, um ihn zu konfrontieren. Er selbst denkt, dass er jetzt für sich einstehen würde (A). Der Chef hält sich bedeckt und lässt ihn auflaufen. Danach fühlt sich der junge Mann unwohl und beschämt (B). Dennoch ist er völlig davon überzeugt, dass das jetzt mal an der Zeit war (A)!

Im Beispiel des jungen Mannes wäre es sinnvoll gewesen, dass er seine Gefühle (B) erst einmal sortiert hätte (S), um sich einen Überblick zu verschaffen und sich zu orientieren, was sinnvoll ist, und zu überlegen, was er genau vortragen möchte. Dann hätte er einen Termin mit dem Chef vereinbart (S+A). Zu diesem wäre er vorbereitet erschienen und hätte seine Anliegen ruhig und klar vortragen können (A).

Das soll nicht heißen, dass man nicht das Gespräch suchen soll. Aber eine Vorgehensweise im Uhrzeigersinn hätte das Risiko eines Konflikts verringert, der Angestellte wäre besser vorbereitet gewesen und hätte z. B. sein Echtzeitalter vorher aktivieren können. Wenn man jedoch von den Gefühlen direkt in die Handlung geht, ist das Risiko deutlich erhöht, dass man damit keine Klarheit gewinnt und eher verletzt wird. In den meisten Fällen, in denen es aus der Emotion heraus einen starken Impuls gibt, etwas – und sei es *irgendetwas* – zu tun, wäre der Zwischenstopp beim Denken sehr hilfreich: Er verschafft einem die Reflexion, die bei einer rein impulsiven Gefühlssache fehlt.

Kriterien für Klarheit in Beziehungen

Wenn jemand meint, er müsse mit einem anderen etwas klären, dann ist das meistens nachvollziehbar und sicherlich auch irgendwie berechtigt. Doch die ernüchternde Botschaft lautet: Wir können viel mehr mit uns selbst klären, als wir meinen. Und je dringender sich das Klären mit anderen anfühlt, desto wichtiger ist die vorherige Selbstklärung.

Checkliste für Klarheit in Beziehungen	
Wunsch, dem anderen solle etwas klar werden	→ für sich selbst etwas klären
dem anderen die Verantwortung für die eigenen Gefühle zuschreiben	→ Verantwortung für die eigenen Gefühle übernehmen
Vorstellung, der andere müsste mich nur verstehen, dann würde er dementsprechend handeln	→ sich selbst verstehen und akzeptieren
Idealisierung bzw. Abwertung der Beziehung	→ Unterscheidung zwischen ich, du und wir

verdeckte oder offene Vorwürfe an den anderen	→ Auseinandersetzung mit den eigenen Themen
das ostentative »Nein!« oder das »Nein« als Rechtfertigung	→ das »Nein« als Bewegung zu sich selbst hin
Rechtfertigung von Impulsen	→ Reflexion der eigenen Impulse

Im Alltag neigen die meisten Menschen dazu, einfach so zu kommunizieren und sich auszudrücken, wie es sich für sie stimmig anfühlt. Das klappt in sehr vielen Fällen auch ausgezeichnet. Sich nur noch *korrekt* und *bemüht* austauschen zu wollen macht keinen Spaß, denn dabei gehen Humor und Leichtigkeit verloren. Aber wenn es mal wieder knirscht im Beziehungsgetriebe, dann kann man sich diese Tabelle getrost zu Gemüte führen und anschließend eine Selbstklärung durchführen.

Selbstklärung in der Triade

Wer einen Konflikt oder einen Beziehungsaspekt in der Triade beleuchten möchte, der sollte sich zuerst klar machen, dass man keine anderen Personen in die Mitte der eigenen Triade legt, sondern z. B. »*Meine* Beziehung zu ...« oder im Falle eines Konflikts diesen als »Thema« benennen, nicht als »Problem«. Definieren Sie vorab für sich, was Sie mit dem Klärungsprozess erreichen möchten. Etwas zu formulieren, was ein anderer mit erfüllen soll, wie z. B. »Es soll harmonischer zwischen uns sein« funktioniert nicht – ganz einfach, weil Sie ein Ziel definieren, das Sie selbst nicht erfüllen können.

Da konfliktreiche Themen die emotionale Betroffenheit oft rasant steigern, hier ein paar Tipps:

- Bleiben Sie konsequent beim eigenen Körperempfinden!
- Gehen Sie nicht in die Inhalte!
- Seien Sie geduldig und mitfühlend mit sich selbst!
- Humor ist eine nicht zu unterschätzende Zutat!

- Checken Sie die PS-Knoten:
  - Gibt es Selbstvorwürfe?
  - Gibt es Vorwürfe oder Erwartungen an das Gegenüber?
  - Sind Sie im Echtzeitalter?

Für diese Übung lesen Sie im Handbuch die Anleitung für die Triadenaufstellung auf S. 96 und anschließend im Kap. 10 unter »Die drei Check-up-Interventionen« die beiden Interventionen *Eigene Version (Stufe 1)* und *Echtzeitaltertraining (Stufe 1)*.

Psychohygiene

Ziel: Selbstklärung in Konflikten

Bauch, Herz und Kopf werden wie gewohnt als Dreieck gelegt. Dann suchen Sie sich noch eine Scheibe aus für das Thema oder Ihre »Beziehung zu …«, »mein Thema mit …«.

In den ersten zwei Durchgängen bleibt das Thema bzw. die zu klärende Beziehung noch außen vor (Warm-up).

Führen Sie den Check der PS-Knoten durch:

- Gibt es Selbstvorwürfe?
- Gibt es Vorwürfe oder Erwartungen an das Gegenüber?

Wenn Sie hier auf die ersten roten Lämpchen in sich treffen, dann empfiehlt sich Folgendes: Lassen Sie es – zumindest probehalber – einfach sein! Ernsthaft, ganz ohne viel Arbeit an sich. Versprechen Sie sich, dass Sie sofort nach Ende der Übung mit Selbst- oder Fremdvorwürfen weitermachen dürfen, wenn Sie dann immer noch das Bedürfnis danach haben!

Im dritten Durchgang kommt das Thema in die Mitte. Achten Sie darauf, was sich in den einzelnen Zentren verändert, wenn Sie jetzt an der jeweiligen Station den Bauch, dann das Herz und dann den Kopf aktiviert haben. Unabhängig von der Befindlichkeit in den drei Zentren erfolgt jetzt eine Psychohygiene in zwei Runden.

- Runde 1: *Eigene Version (Stufe 1)* in jedem Zentrum legen
- Runde 2: *Echtzeitaltertraining (Stufe 1)* in jedem Zentrum durchführen

Jetzt erfolgt schon die Zwischenbilanz:

- Was hat sich verändert durch die Bestandsaufnahme in der Triade und durch die Psychohygiene?

Dann erfolgt wieder die Aktivierung der Zentren zu dem gelegten Thema oder der Beziehung zu einer Person/ Personengruppe.

Holen Sie sich Feedback von sich selbst und hören Sie genau zu, was jedes Zentrum mitzuteilen hat. Achten Sie darauf, ob die Reaktionen im Verhältnis zum Thema stehen oder ob sich wieder jüngere, wütende, verletzte Anteile melden.

Bleiben Sie bei dem Fokus: Welches Zentrum kann als Unterstützung was zur Verfügung stellen?

Selbst wenn Sie davon überzeugt sind, dass Sie sich nicht jünger gefühlt haben, oder auch den Eindruck hatten, es war/ist Ihre eigene Version: So gut wie immer gibt es einen positiven Effekt in einem oder auch allen drei Zentren. Man könnte den Psychohygiene-Check mit dem Händewaschen vergleichen. Das lohnt sich auch dann, wenn die Hände nicht sichtlich mit Dreck verkrustet sind.

Möglicherweise machen Sie die Erfahrung, dass durch diese Selbstklärung das Thema/der Konflikt viel weniger emotional belastet ist bzw. etwas weiter wegrückt, da man mehr mit sich selbst zu tun hat. Oder man hat geklärt, was man dem anderen sinnvollerweise mitteilen möchte und/oder was man selbst an einer Situation verändern möchte.

Nicht selten findet im Inneren gerade das statt, was einem im Außen so viel Mühe oder Stress bereitet. Es ist nachvollziehbar, dass man da besonders empfindlich ist. Doch dann erhöht sich die Wahrscheinlichkeit, dass man aus der Spirale der ewig gleichen Vorwürfe oder Erwartungen nicht herauskommt oder nicht die Kraft und Entschlossenheit entwickelt, an besagter Situation/Beziehung etwas zu ändern.

> Wenn Beziehungsgespräche Endlosschleifen erzeugen: Selbstklärung in der Triade!

5 DER TRIALOG VON BAUCH, HERZ UND KOPF

Entscheidungen bestimmen das Leben! Man erlebt sich als selbstwirksam, wenn man Impulsen spontan folgen kann, ohne dass es zu risikoreich wird; wenn man eine innerliche Stimmigkeit erlebt und nachvollziehen kann, warum man so entschieden hat. Die Frage, was wann und wie hilfreich und weiterführend ist, stellt einen manchmal vor eine große Herausforderung. Denn es ist nicht die reine Menge an Information, die wir für Entscheidungen brauchen, sondern es geht um die Verwertung und Einbettung der Information in das eigene Bezugssystem. Man kann gewissermaßen *im Inhalt verloren* gehen, wenn man *den Wald vor lauter Bäumen* nicht mehr sieht.

Man entscheidet sich in der Gegenwart. Durch Nach-Denken und Voraus-Denken versucht man, vorhandene Datenmengen so zu interpretieren, dass sie als Vorausschau Bestand haben. Wir alle haben die Erfahrung gemacht, dass Prognosen nur bedingt gelingen können. Viele Menschen haben mehr als eine Wetter-App auf dem Handy und können so feststellen – v.a. bei unbeständigem Wetter –, dass die Prognosen deutlich voneinander abweichen. Die Gewissheit, dass es regnet, haben wir nur in der Gegenwart, da können wir den Regen fühlen, sehen, schmecken und hören.

Der Anspruch, das Beste aus seinem Leben zu machen und sich selbst zu verwirklichen, kann Stress erzeugen, wenn man fortwährend auf der Suche nach der optimalen Performance für sein Leben ist. Lösungskompetenz zu entwickeln – die die eigene Gewissheit stärkt und weniger danach fragt, was denn jetzt das *Richtige* ist –, erhöht die Entscheidungsfreude und vor allem die Entschlossenheit. Auf der Suche nach Gewissheit sind die drei Kompetenzzentren viel verlässlichere Sparringspartner als die klügsten Gedanken. Wenn Bauch, Herz und Kopf als geschulte Sparringspartner zur Verfügung stehen, ermöglicht der Perspektivwechsel zwischen den drei Instanzen mehr Klarheit.

Wenn es um Entscheidungen geht, sind Redewendungen, die sich auf Bauch, Herz und Kopf beziehen, allgegenwärtig. Wahrscheinlich hat schon jeder sich mit solchen Begriffen auf eine Entscheidung bezogen.

Herz	Kopf	Bauch
▶ seinem Herzen folgen ▶ mit Herzblut dabei sein ▶ etwas kommt von Herzen	▶ einen kühlen Kopf bewahren ▶ eine reine Kopfgeburt ▶ eine kopflose Entscheidung	▶ spontan aus dem Bauch heraus handeln ▶ eine Bauchlandung erleben ▶ frei von der Leber weg reden

Bauch, Herz und Kopf sind Marketing-Abteilungen

Die drei Zentren sind auch raffinierte und sehr wirksame Marketing-Abteilungen. Sie bieten ihre jeweils spezifischen und hoch attraktiven Qualitäten und Fähigkeiten an bzw. wollen sie ihrem Besitzer/ihrer Besitzerin schmackhaft machen: »Setze mich ein, mit mir läuft es besser.« Wie kann man sich das konkret vorstellen?

Wer schon einmal eine Castingshow im Fernsehen gesehen hat, wird häufig Zeuge, dass ein Juror sich nach langer Rede über die Schwere seines Amtes schließlich doch für einen Kandidaten – und damit auch gegen einen anderen – entscheidet. Sehr häufig verkündet er dann, er hätte eben *auf seinen Bauch gehört* oder *seine Intuition* hätte es ihm gesagt. Damit umgeht er elegant jegliche Begründung, warum er so entschieden hat. Wer auf seinen Bauch oder die Intuition verweist, der ist aus der Erklärungsnummer raus – zumal, wenn es Musik, Tanz und Ähnliches betrifft. Da ist gesetzt, dass es um Gefühle geht, um Präsenz etc. Man könnte sagen: Das *Bauchgefühl* und die *Intuition* stehen für die gesamte Sammlung dessen, was in uns an Information zusammenkommt, und die *Rationalität* soll das Ganze dann bewerten.

Von Entscheidungen und Nichtentscheidungen

Wir verknüpfen den Begriff Entscheidung damit, dass jemand etwas tut im Sinne einer aktiven Handlung. Wen man sich mit Entscheidungen beschäftigt, lohnt es sich, auch auf die Nichtentscheidungen zu schauen. Streng genommen kann man sich nicht nicht entscheiden. Man kommt aus der Nummer nicht raus, dass *alles* eine Entscheidung ist: auf dem Sofa liegen bleiben, den Papierkram unbearbeitet in der untersten Schublade lassen, im ungeliebten Job bleiben, Kleidung im Schrank hängen lassen, die seit 20 Jahren nicht mehr passt, keinen Yoga-Kurs besuchen, keine Sprache lernen usw. So gibt es unzählige Beispiele dafür, dass man sich für etwas anderes entschieden hat, was sich aber nicht wie eine Entscheidung *anfühlt*, sondern wie eine Nichtentscheidung. Dafür macht man solche kraftvollen Entscheidungsgestalter verantwortlich wie: Bequemlichkeit, Angst, Sicherheitsdenken, Faulheit, Unwissenheit oder gar *innere Schweinehunde*.

Der Zweifel wohnt im Kopf

Die Unzufriedenheit aufgrund von Nichtentscheidungen entsteht oft dadurch, dass man sich selbst als wenig wirksam erlebt und alles nur im eigenen Kopf stattfindet. So lähmen kreisende Gedanken die Impulse, und feststeckende Impulse erzeugen kreisende Gedanken. Was zuerst war, ist wie die Frage nach Henne und Ei. Man merkt nicht, wie man über Handlungen oder über Gefühle nachdenkt. Der Begriff der *kreisenden Gedanken* trifft es recht genau: Sie kreisen um einen, und das ist an sich schon so ermüdend, dass sich anstehende Erledigungen, die auch Entscheidungen erfordern, wie Gewitterwolken vor einem auftürmen. Wenn mehrere Aspekte miteinander ringen und mehrere Stimmen auf Sie einreden, dann ist die Wahrscheinlichkeit hoch, dass Sie mit der Zeit daran ermüden oder unsicher werden und Ihre Entscheidungen sich weniger sicher anfühlen.

Manche Menschen erklären sich das damit, dass sie eben Perfektionisten seien, die erst dann anfangen würden, wenn es wirklich perfekt zu werden verspricht und sichergestellt ist, dass es die richtige Entscheidung ist. Wer sich in diesen Themenkomplex mental eingräbt, der wird immer mehr Zweifel ernten. Und ein Zweifel bleibt selten allein. So sollte man sich selbst nicht alles glauben, was man denkt! Denn das, was wir als rational bezeichnen oder als eine überlegte Entscheidung ansehen, wird aus viel mehr Quellen gespeist, als uns bewusst ist. Wir empfinden aber subjektiv, wenn wir mal so richtig fokussiert nachdenken, dass wir einem geordneten Ablauf in unserem Kopf folgen.

Die Rationalisierung ist die »Mutter aller Abwehr«, weil wir am Ende alles irgendwie begründen können. Rationalisierung heißt, dass man anderen und sich selbst fortwährend etwas erklärt. Damit möchte man etwas verdeutlichen, besser dastehen, etwas erreichen, verstanden werden oder was auch immer. Von innen heraus fühlt sich das meist *logisch und klar* an, und so kann man sich und andere auch überzeugen, warum man etwas will oder nicht will, warum man sich so oder so entscheidet.

Distanz gewinnen

Erinnern Sie sich an den Kauf von etwas, was eigentlich zu teuer war? Oder an einen Urlaub, den Sie sich wirklich mal gönnen mussten. Oder auch an ein absolutes Schnäppchen, da musste man ja zuschlagen! Oder an die Steuererklärung, die wie Blei lastet. Oder an den Keller, der mal aufgeräumt gehört! Die Fenster, die man mal putzen sollte, oder Fenster, die man geputzt hat, obwohl man eigentlich etwas anderes tun sollte/wollte.

Wenn Sie solch eine Situation gefunden haben, vergegenwärtigen Sie sich diese in dem Ablauf der Entscheidung bzw. in einem inneren Bild dessen, was noch zu erledigen ist.

Jetzt lassen Sie die Rationalisierung sprechen und lassen sich erzählen, warum Sie so oder so entschieden haben oder warum Sie sich bisher dagegen entschieden haben. Der Clou bei dieser Übung ist, dass Sie sich bewusst zuhören und etwas Distanz dazu haben. In dem Moment, wo Sie meinen zu erkennen, warum etwas wirklich gut oder nicht gut ist, ist es möglich, dass eine Ihrer inneren Marketing-Abteilungen Sie überzeugt hat. Letztendlich kann man nie mit Gewissheit klären, wer wen mit was überzeugt. Man kann jedoch in sich mehr Klarheit schaffen.

Ziel der Übung ist es, Humor und Gelassenheit zu entwickeln, wenn man selbst wieder ein bereitwilliges Opfer solch einer Stimme wird. Manchmal lässt man sich auch richtig gerne überzeugen, dass das jetzt nicht der richtige oder eben gerade der richtige Zeitpunkt ist.

Manche Menschen werden feststellen, dass nicht nur eine Stimme Ihnen etwas erklärt, sondern dass eine andere Stimme dazwischenfunkt und z.B. dagegenhält, dass das alles nur faule Ausreden seien oder man sich selbst etwas vormache oder dass es eben so gar nicht das Richtige gewesen sei bzw. unnütz oder zu teuer.

Lassen Sie das alles laufen, wie es in Ihren Gedanken erscheint. Beobachten Sie, wann und wie diese unterschiedlichen Stimmen sich abwechseln bzw. ob und wie sie durcheinanderreden.

Bei vielen Menschen neigt gerade der Kopf dazu, die irrationalste Instanz zu sein – weil er eben unbedingt ein Ergebnis braucht. Das klingt erst einmal verwunderlich, denn es *fühlt* sich ja ganz anders an. Es wird aber verständlicher, wenn man genauer untersucht, wofür der Kopf steht: Das Kernbedürfnis Sicherheit erzeugt fortwährend den Wunsch, sich *auszukennen*. Deshalb ist der Kopf auch ein Spezialist dafür, sich etwas *auszudenken*. Solche Gedanken finden unwillkürlich statt und münden natürlich in eine Schlussfolgerung.

Dazu ein Beispiel: Man hat sich im Wald verlaufen und hält die Wanderkarte in der Hand. Um sich zu orientieren, definiert man, wo man vermeintlich steht (in Zeiten vor Google Maps und Standortbestimmung). Ausgehend von dieser Bestimmung läuft man weiter auf dem Weg und hat einen Plan, wo es jetzt langgeht. Wenn dann die Karte irgendwann nicht mehr zur Wirklichkeit passt, kommt die Rationalisierung um die Ecke und erklärt, dass die Annahme schon okay ist (»der Weg ist zugewachsen, neuer Weg gebaut, nicht alle Wege eingezeichnet, Höhenlinien werden für Wege gehalten etc.«).

So ist der Kopf die Instanz, die fortwährend Daten interpretiert. Und mit dem Begriff Interpretieren wird deutlich, dass Informationen ausgewählt werden müssen, und diese Auswahl kann naturgemäß nur willkürlich sein – sowohl aufgrund der Menge an Informationen, die permanent auf einen einströmen, als auch aufgrund der persönlichen Wahrnehmungsfilter, die jeder Mensch wohlweislich in sich hat, um nicht fortwährend überfordert zu sein. Der Bezugsrahmen für alle Informationen ist auch für das »Kompetenzzentrum Kopf« der ganze Körper. Aus all dem, was da zusammenfließt, entwickelt der Kopf Hypothesen und Annahmen, die er so zu gestalten versteht, dass sie für ihn schlüssig und passend sind.

Wenn Überblick und Orientierung so wichtig sind, dann ist es natürlich, dass der Kopf all das, was er als unsicher einstuft – und das sind Impulse und Gefühle –, nur bedingt zulassen möchte. Dadurch wäre aber die Steuerungsfähigkeit des Gesamtorganismus beeinträchtigt, was wiederum Auswirkungen auf die Sicherheit hätte. Es bleibt dabei: Die Kernbedürfnisse bedingen sich gegenseitig, jedes hätte ohne die beiden anderen keinen Sinn. Wenn ein Zentrum die Alleinherrschaft übernimmt, dann verringert sich der Austausch zwischen Bauch, Herz und Kopf drastisch. Das ist im Innenleben nicht anders als im Außen: Wenn eine Abteilung nicht gehört bzw. übergangen oder gar abgewertet wird, dann wird sie entweder still oder sie lehnt sich auf und wird rebellisch. Übrigens ist der Kopf keineswegs immer die dominante Instanz, das kann genauso gut der Bauch oder das Herz sein.

Konflikte zwischen den drei Zentren

Abb. 5: Blockierender Bauch, vermittelndes Herz und überheblicher Kopf

Mit Autonomie, Beziehung und Sicherheit sind unweigerlich auch bestimmte Werte verbunden. Das ist der Hauptgrund, warum Bauch, Herz und Kopf immer wieder auch gegenseitig in Konflikte geraten (s. Abb. 5 u. 6). Viele Menschen sind der Ansicht, dass es eine grundlegende Differenz zwischen Herz und Kopf gibt und deren Werte sowie Interessen im Inneren immer wieder ein Dilemma erzeugen, da das Herz oft andere Ziele verfolge als der Kopf. Vor allem, wenn es um Liebesbeziehungen geht, wird das oft so gesehen. Es ist jedoch jede Konfliktkonstellation vorstellbar:

- Bauch hat einen Konflikt mit dem Kopf.
- Bauch hat einen Konflikt mit dem Herzen.

- Herz hat einen Konflikt mit dem Kopf.
- Herz hat einen Konflikt mit dem Bauch.
- Kopf hat einen Konflikt mit dem Bauch.
- Kopf hat einen Konflikt mit dem Herzen.
- Bauch hat einen Konflikt mit Kopf und Herz.
- Herz hat einen Konflikt mit Kopf und Bauch.
- Kopf hat einen Konflikt mit Bauch und Herz.

Abb. 6: Kopf und Bauch mit voller Kraft engagiert, das Herz ist nicht mit an Bord

Neben den o.g. Konstellationen ist es auch vorstellbar, dass z.B. zwei Zentren sich gegen das dritte verbünden. Oder ein Zentrum – überdurchschnittlich häufig der Kopf – hält die anderen beiden Zentren für überflüssige Abteilungen, die im richtigen Leben keiner braucht. Herzen haben ein erhöhtes Risiko, verletzlich und empfindsam zu sein. Dadurch werden sie von den anderen beiden Zentren oft nicht ernst genommen. Und so mancher Bauch, der im Einfach-machen-Modus ist und von daher besonders dominant rüberkommt, läuft Gefahr, von den beiden anderen Zentren einfach mal ausgehebelt zu werden.

Was passiert, wenn die Fronten verhärtet sind und die mehr oder minder bewussten Spannungen weiter zunehmen? Entweder erhöhen die beteiligten Konfliktparteien ihre Vehemenz, oder einer resigniert, und der andere gewinnt. So kann man sagen, dass man in sich selbst auf das Gleiche trifft, was man aus Beziehungen zu anderen Personen auch schon kennt.

Wenn jedes Zentrum anerkennt, begreift und fühlt, dass es tatsächlich noch zwei weitere, ganz anders geartete Abteilungen gibt, von denen es selbst nicht viel versteht, dann wächst das gegenseitige Interesse, und die eigene Überheblichkeit oder die alten Ressentiments können zumindest infrage gestellt werden.

Wenn das besonders mühsam oder gar unmöglich erscheint, hat es in aller Regel mit folgenden Ursachen zu tun:

- mangelndes Echtzeitalter
- »Infektion« mit den Werten von anderen Personen
- frühe Einschränkung des entsprechenden Kernbedürfnisses durch Biografie/Trauma/Wertesysteme etc.

Immer, wenn solche Einschränkungen dauerhaft wirken, erhöht sich die Wahrscheinlichkeit für Konflikte zwischen den Zentren. Stellen Sie sich das vor wie in einem kleinen 3-Mann-Betrieb, in dem einer wegen Krankheit ausfällt, und die anderen beiden müssen dessen Aufgaben kompensieren. Je länger der Krankheitsfall dauert, desto angestrengter sind die beiden anderen und fühlen sich irgendwann überlastet oder ausgelaugt. Dann kommt der Kollege zurück und fällt nach einer Woche wieder aus usw. Wenn ein Zentrum erlebt, dass ein anderes entweder ausfällt oder sich nur über schwierige Zustände äußert, dann verringert sich das Vertrauen in dessen Leistungsfähigkeit. So entstehen dann eingefahrene und recht starre Reaktionsmuster.

Wenn Bauch, Herz und Kopf sich nicht kennen

Es kommt vor, dass ein Zentrum die beiden anderen – oder auch nur ein anderes – gar nicht kennt. Das ist ein erstaunliches Phänomen, das überhaupt nur feststellbar ist, weil die Positionen der Triadenaufstellung räumlich getrennt sind. Bauch, Herz und Kopf sind auch dadurch charakterisiert, dass sie unterschiedliche Erlebnisräume darstellen, die sich u. U. nicht überschneiden. Man kann sich das so wie im richtigen Leben erklären: Eine Fachabteilung ist so mit sich selbst beschäftig, dass sie nicht mitbekommt, dass es im Gebäude noch weitere Abteilungen gibt, mit denen eine Kooperation einen Mehrwert ergeben würde. Und Mehrwert heißt in dem Falle, dass tatsächlich alle drei Abteilungen davon profitieren würden.

Wenn Bauch, Herz und Kopf nicht wissen, was sie können

Wenn jemand eines seiner Zentren kaum kennt oder wenig Ahnung hat, wozu es gut sein soll, dann ist es meist auch umgekehrt so, dass dieses Zentrum seinen Besitzer nur vage oder wie aus der Ferne kennt. Man könnte sagen: Die »WLAN-Verbindung« ist nicht stabil oder bricht manchmal ab, obwohl alle drei Zentren im gleichen Netzwerk agieren. In einem solchen Falle weiß oft das Zentrum selbst nicht oder nicht mehr, was es eigentlich kann. Es ist auch keineswegs ausgebrannt oder überlastet, sondern steht seinem Besitzer als bisher kaum genutzte, gewissermaßen noch originalverpackte Ressource zur Verfügung. Es fehlt lediglich die Betriebsanleitung.

Der Körper weiß aus sich heraus, um welches Kernbedürfnis es geht. Aber es ist wie bei einem Muskel, der nicht genutzt wird: Er ist trotzdem da, und der Körper kennt seine potenzielle Aufgabe. Wenn er dann trainiert wird, wächst die Muskelmasse, wobei es oft schon ausreicht, ihn mehr im Bewusstsein zu haben, sodass er bei den alltäglichen Bewegungen automatisch mitberücksichtigt wird. Diese Option besteht auch für ein vernachlässigtes Zentrum: Wenn für Bauch, Herz oder Kopf mehr Bewusstheit entsteht, wird das entsprechende Kernbedürfnis von selbst stärker.

Mehr Lösungskompetenz durch Perspektivwechsel

Mit Bauch, Herz und Kopf kann ein Thema und damit auch eine Entscheidung im wahrsten Sinne auf Herz und Nieren geprüft werden. Wenn Sie sich selbst begegnen und immer wieder die Perspektive wechseln können, ermöglicht dies eine fortlaufende Betrachtung des Themas aus allen drei Blickwinkeln, wodurch die Kernbedürfnisse schon automatisch ausgewogener werden. Dies heißt nicht, dass alle drei gleich stark vertreten sein müssen, aber sie sollten alle drei im Fokus stehen. Es ergibt sich dann im Prozess eine Orientierung darüber, wie das Zusammenspiel der Kernbedürfnisse aktuell funktioniert und welches eventuell mehr Aufmerksamkeit, Einsatz oder Unterstützung benötigt.

Oft ist einem nicht klar, wie sich dieses Zusammenspiel z. B. beim *Nachdenken* gestaltet. Man kann nicht immer einordnen, ob ein auftauchender Gedanke, der vielleicht im Widerspruch zum vorherigen steht, ein wichtiger Aspekt ist oder nicht. Mit den folgenden Beispielen soll das Zusammenspiel der drei Entscheidungsgestalter deutlicher werden.

DER URLAUB

Hier drei Beispiele, wie ein Zentrum allein entscheidet und die anderen beiden nicht ausreichend mit von der Partie sind.

Die Herzensentscheidung:

Das Herz hat sich für ein malerisches Hotel in einem alten Palazzo mit schönen Palmen im Garten und wunderschön rankenden Clematis an der Hauswand entschieden. Der Kopf muss feststellen, dass man ein Zimmer im 3. Stock ohne Aufzug hat und ihm das keiner gesagt hatte, denn dann hätte er zwei kleine Koffer genommen und nicht den ganz großen. Der Bauch stellt fest, dass der Palazzo zwar riesig ist, aber das Zimmer winzig klein, und dass er darin fast keine Luft bekommt.

Die Bauchentscheidung:

Der Bauch hat entschieden, dass man ganz abgelegen wohnen möchte, damit man weder Nachbarn hat noch sonst jemanden, der stört – je einsamer, desto besser. Der Kopf stellt fest, dass es zum nächsten Supermarkt 30 km sind und man jedes Mal eine steile Schotterpiste bezwingen muss. Das Herz stellt fest, dass es kein hübsches Städtchen in der Nähe gibt, wo man sich mal ins Café setzen oder zwischen anderen Menschen flanieren kann.

Die Kopfentscheidung:

Der Kopf hat sich für ein großartiges Schnäppchen entschieden, ganz zentral gelegen in der Nähe des Busbahnhofs, sodass er möglichst schnell möglichst viele Wanderziele erreichen kann. Der Bauch stellt fest, dass ihm so ein kleiner Balkon überhaupt nicht ausreicht und er davon gestresst ist, dass man dort wie auf dem Präsentierteller sitzt. Das Herz findet die ganze Anlage samt

Einrichtung hässlich und ärgert sich, dass der Kopf auch noch sagt, man sei ja nur zum Schlafen da.

Für die Planung eines »runden Urlaubs« sollte man also alle drei Instanzen mit einbeziehen und auch mit entscheiden lassen und z. B. die Beschreibung von Ferienhäusern dreimal lesen – nämlich aus drei Zentren.

Fast alle Menschen denken in ihrem Leben ein- oder mehrmals darüber nach, die Stelle zu wechseln oder sich auf eine andere Position zu bewerben. Nach dem ersten Impuls wandert das Thema oft in den Kopf, denn man gäbe ja i. d. R. eine gewisse Sicherheit auf. Der Kopf versucht dann, Argumente für und wider zu sammeln, um sich einen besseren Überblick für eine Entscheidung zu verschaffen. Da er aber noch immer nicht sicher weiß, ob es passt, startet er eine weitere sorgfältige Prüfung und dreht sich womöglich irgendwann im Kreis. In einem anderen Szenario ist jemand von einem Stellenangebot so begeistert, weil es sich genau richtig anfühlt, dass er sofort eine Entscheidung fällt.

Beide Strategien haben etwas für sich und bergen doch gewisse Risiken. Die lassen sich deutlich verringern, wenn man den triadischen Perspektivwechsel nutzt, was angesichts einer doch recht bedeutsamen Entscheidung angebracht ist.

DER JOBWECHSEL

Der angebotene Job ist super, es gibt 20 % mehr Gehalt, er ist thematisch interessant und verspricht mehr Führungsverantwortung. Der Kopf ist sofort dafür, weil er seine Kompetenzen erweitern kann. Das Herz weist darauf hin, dass man die neuen Kollegen noch nicht kennengelernt habe, was doch ein sehr wichtiger Aspekt sei – zumal es in dieser Hinsicht aktuell gut läuft. Der Bauch findet mehr Führungsverantwortung gut und freut sich auf eine neue Herausforderung.

Die Person nimmt das Herz ernst und bittet um einen weiteren Termin, um die Kollegen kennenzulernen. Bei diesem Termin herrscht eine angespannte Atmosphäre, und aus einem Kaffeepausengespräch ist herauszuhören, dass die zukünftigen Kollegen recht unzufrieden sind, und dass der durchaus beliebte Vorgänger auf eine sehr unschöne Art das Unternehmen

> verlassen musste. Danach gibt es ein weiteres Gespräch mit der Unternehmensleitung, bei dem der Bauch auch spürt (das Herz sowieso), dass alles nicht so rosig ist, wie es zunächst schien.
>
> Bauch und Herz sind jetzt dagegen, die Stelle anzunehmen, der Kopf versucht noch zu argumentieren, dass es auch eine Chance sei. Seine Begeisterung hat allerdings schon deutlich abgenommen. Das innere Team entscheidet sich dann gegen die Stelle und hadert mit dieser Entscheidung keinen Tag.

Die Geschichte kann auch ohne explizites Wissen um die Bauch-Herz-Kopf-Triade genauso ausgehen. Das zeigt aber doch gerade, wie natürlich dieses Ordnungsprinzip ist und dass jeder Mensch mehr oder weniger davon profitiert, wenn auch meist eher unbewusst – und natürlich selten mit der Schlüssigkeit und Nachvollziehbarkeit, wie sie beim bewussten Arbeiten mit dem Ordnungsprinzip zutage tritt.

Der Nutzen des triadischen Prinzips:

- Wenn wir Bauch, Herz und Kopf als zentrale Begriffe nutzen, wird uns klar, dass alle drei unterschiedliche Werte und Kompetenzen haben.
- Die triadische Perspektive verringert automatisch das Risiko eines Entweder-oder.
- Die drei Zentren bieten eine ausreichende Differenzierung bei gleichzeitiger Überschaubarkeit.
- Bauch, Herz und Kopf dienen als körperliche Magneten für das, was der Körper ausdrücken möchte.
- Der Körper bringt auch Empfindungen an die Oberfläche, die man sonst nicht einordnen kann, weil sie entweder viel zu vage oder nicht ausreichend nachvollziehbar sind.

Der Körper als Organismus spiegelt all unsere Bedürfnisse wider und stellt uns fortwährend Informationen zur Verfügung. Ohne Ordnungsprinzip ginge man in dem Sammelsurium sich widerstreitender Bedürfnisse verloren. Je orientierter man darin ist, wer eigentlich was im Inneren zum Ausdruck bringen möchte, desto nachhaltiger kann man seine Entscheidungen gestalten. Insofern bringt der Trialog der Zentren meist einen erheblichen Gewinn (s. Abb. 7).

Abb. 7: Gegenseitige Anerkennung von Kompetenzen und Werten

Was will ich? Was fühle ich? Was denke ich?

Jeder kennt das: Man denkt immer wieder über das Gleiche nach und kommt zu keiner endgültigen Entscheidung. Manchmal sind es die banalsten Dinge wie »Soll ich am Freitag mit auf die Radtour?« oder »Schaff ich mir ein E-Bike an oder doch nicht?«.

Viele neigen dazu, andere zu fragen, was diese machen würden, und verkomplizieren damit die Angelegenheit, weil sie sich von anderen eine Klärung erhoffen, obwohl sie selbst noch nichts geklärt haben. Manche lassen dann andere für sich entscheiden, aber das fühlt sich langfristig nicht gerade selbstbestimmt an – ist es ja auch nicht. Dieses allseits bekannte Phänomen des Grübelns lässt sich, wie man weiß, nicht einfach so abstellen. Aber was kann man tun? Zunächst mal muss man es für möglich halten, dass die Erhöhung der Denkleistung nicht automatisch auch den Überblick und die Orientierung erhöhen. Ganz im Gegenteil: Zu viele oder die immer wieder gleichen Informationen verringern manchmal den Überblick und damit die Sicherheit.

Wenn der ganze Körper für das Senden und Empfangen von Informationen zuständig ist, dann ist es sinnvoll, Fragestellungen so aufzubauen, dass sie auch den ganzen Körper mit einbeziehen. Und hier kommen wieder die drei Kernbedürfnisse ins Spiel, aus denen sich drei zentrale Fragen generieren lassen.

Der Bauch mit dem Kernbedürfnis Autonomie hat mit Handlungsimpulsen zu tun, stellt also die Frage:

- Was will ich?

Das Herz mit dem Kernbedürfnis Beziehung hat mit den Gefühlen zu sich selbst und zu anderen zu tun, stellt also die Frage:

- Was fühle ich?

Der Kopf mit dem Kernbedürfnis Sicherheit ist damit beschäftigt, sich auszukennen und Orientierung zu gewinnen, stellt also die Frage:

- Was denke ich?

Verirrt im Labyrinth der drei Fragen

Was will ich?

Wenn jemand nicht genau weiß, was er will, dann gibt es eine Vielzahl an Varianten, das zu benennen.

Hier ein paar Beispiele:

- Ich muss erst noch drüber nachdenken.
- Um *meinen* Willen geht es doch nicht.
- Alles zu seiner Zeit.

Vor allem das Nachdenken ist sehr beliebt. Offenbar scheint man sich von einem Mehr an Informationen oder von genaueren Überlegungen einen klareren Willen zu versprechen. Der Wille ist aber oft gar nicht so klar, wie man sich das vorstellt, oder er ist sprunghaft: Denken wir uns jemanden, der begeistert zu einer Wanderung aufbricht, also wandern will. Dann regnet es, die neuen Stiefel drücken etc., er *will* nicht mehr weiterlaufen und überlegt, mit dem Bus zu fahren. Doch gleich darauf entsteht der Impuls, das Ziel doch noch zu erreichen, und dieser *Wille* führt zum Weiterlaufen. Oder der Wille entscheidet, Bus zu fahren.

Die eigenen Impulse zu managen und auf die stetigen Veränderungen zu reagieren, hält den Willen flexibel.

Was fühle ich?

Oft wird diese Komponente in den privaten Bereich verbannt, als ob man z.B. aus dem Berufsleben seine Gefühle heraushalten könne.

Da kann man sich gleich vornehmen, seinen Körper ganz außen vor zu lassen. Da wir Körper *sind*, ist das schlichtweg unmöglich. So ist es auch mit den Gefühlen. Man kann alles Mögliche mit ihnen veranstalten, sie verdrängen, verleugnen, abspalten, lächerlich machen und vieles mehr. Doch Menschen fühlen fortwährend, auch wenn sie es nicht immer so nennen oder es ihnen wenig bewusst ist.

Wenn man sich in einem Suchprozess zu einer Lösung oder Entscheidung befindet, taucht in der Regel ein ganzes Sammelsurium an Gedanken und Emotionen auf. Diese auseinanderzuhalten ist nicht ganz einfach, und so findet oft eine Vermischung zwischen Denken und Fühlen statt.

Den Aspekt des Fühlens zu *fühlen* und auch als eigenständigen Bereich anzusehen erhöht die Möglichkeit des klaren subjektiven Erlebens. Dieses Erleben schafft erst die Basis, auf der man für den nächsten Schritt bereit ist und etwas wirklich wollen kann, um *dann* nachzudenken und zu prüfen.

Was denke ich?

Wenn man sich mit »Was will ich?« und »Was fühle ich?« schon beschäftigt hat, dann ist der Kopf bei der ihn betreffenden Frage entweder überraschend leer oder er spult all das ab, was er zum Thema zur Verfügung hat. Dabei fällt ihm womöglich auf, dass er zwar viel im Angebot hat, aber fortwährend am Abwägen ist.

Manchmal fällt es einem wie Schuppen von den Augen: Ohne einen Willen und ohne sich selbst als subjektives Bezugssystem – und das heißt vor allem: ohne den Kontakt zu sich selbst – kann die Kognition einem keine ausreichende Orientierung verschaffen, und so bleiben Entscheidungen schwergängig, kräftezehrend und unsicher.

Die Reihenfolge der Fragen

Die obige Reihenfolge der drei Fragen unterstützt uns dabei, dass wir uns selbst strukturieren und das Portfolio der eigenen Körperkompetenz besser abfragen können. Aber manchmal erzeugen die drei Fragen ein Gefühl von widerstreitenden Kräften: »Ich wüsste ja, was ich wollte, aber ich denke ganz anders darüber« oder »Mein Gefühl sagt mir etwas anderes als mein Verstand«.

Die vielen unterschiedlichen Strömungen, die in einem Menschen verkörpert sind, führen dazu, dass man sich die drei Fragen eher kreuz und quer durcheinander stellt. Man gibt oft einer Frage den Vorrang oder hat vielleicht gerade nur eine oder zwei Fragen auf dem Schirm, oder man stellt sich alle drei Fragen gleichzeitig. Viele stellen sich gerade die letzte Frage gerne zuerst (Was denke ich?). Einerseits eröffnen sich dann viele Optionen, andererseits merkt man oft nicht, wie man über Impulse und Gefühle *nachdenkt.* Stellen Sie sich diese Denk-Triade wie eine Triangel im Kopf vor (s. Abb. 8). Das heißt, die Gedanken kreisen im Dreieck, ohne das die Kompetenzen von Bauch und Herz wirklich genutzt werden.

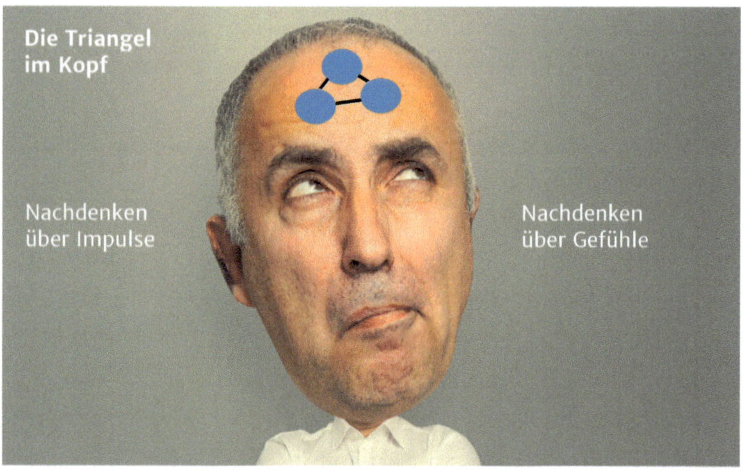

Abb. 8: Die Triangel im Kopf

Wer in zähen Entscheidungsprozessen stecken bleibt, neigt entweder zur Resignation oder zum berühmten »jetzt einfach mal aus dem Bauch heraus machen!«. Aber wer sich nur die Frage stellt »Was soll ich tun?«, zäumt das Pferd von hinten auf. Denn erst, wenn alle drei Fragen geklärt sind, ergibt sich daraus ein Tun – oder ein Nichttun, was ja gewissermaßen auch eine Handlung ist.

Selbst die reflektiertesten Menschen bemerken die Triangel im Kopf nicht!

Mit *Wille* ist nicht die lustgesteuerte impulshafte Entscheidung gemeint. Man kann auch den Willen haben, um 3:30 Uhr morgens aufzustehen, weil man auf eine Bergtour gehen möchte, obwohl der Körper lieber ausschlafen würde. Ebenso ist mit *Gefühl* nicht Gefühlsduseligkeit gemeint. Man ist permanent in irgendeiner Gefühlslage. Und diese zu ignorieren oder stummzuschalten ist für den Organismus kräftezehrend und kann zu einer Vielzahl von Symptomen führen. Und wenn der Kopf heiß läuft beim *Nachdenken*, dann entsteht nicht mehr Klarheit, sondern eine Überlastung.

Indem das triadische Prinzip die drei Fragen strukturiert und sie in eine sinnvolle Reihenfolge bringt, kann es dazu dienen, den oben beschriebenen Gefahren vorzubeugen (s. Abb. 9). Zentral bei dieser Strukturierung ist, dass man die *Fragen stellt* und dies nicht verwechselt mit *Antworten suchen*. Es kann sein, dass man nicht auf die Schnelle eine Lösung bzw. Klarheit erhält. Aber man wird ziemlich sicher besser verstehen, warum es gerade so ist, wie es ist. Vielleicht wird man auch von sich selbst überrascht, indem durch diese Fragen plötzlich etwas ganz anderes auftaucht, das weit entfernt ist vom bisherigen Entscheidungsprozess. Und der wird womöglich in den Hintergrund gedrängt von etwas, das bis dahin nur vage irgendwo im Körper schlummerte. Oder es wird deutlich, warum es bisher gut und sinnvoll war, dass man sich noch nicht entschieden hat.

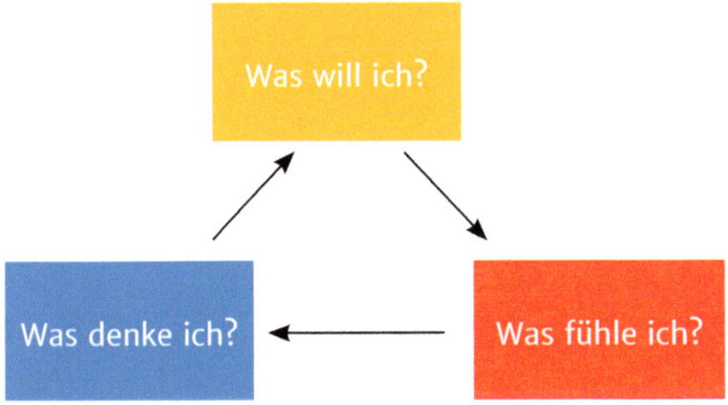

Abb. 9: Die drei Fragen

Die drei Fragen erforschen

Ziel: Über die Unterschiedsbildung auf dem Papier zu mehr Klarheit

Vorbereitung: Fokussieren Sie sich auf ein Thema, eine Entscheidung, die sie immer wieder in kreisende Gedanken führt. Dann nehmen Sie ein Blatt Papier und schreiben die drei Fragen wie in der Anordnung der Abbildung 9 auf. Das Dreieck liegt vor Ihnen auf dem Tisch. Es kommt darauf an, den Prozess ganz dem Körper zu überlassen und nicht auf Antworten zu lauern. Die Augen bleiben geöffnet. Gönnen Sie sich, dass Sie sich nicht auskennen und offen sind für das, was Ihnen angeboten wird, wenn Sie jetzt die Fragen sozusagen in den Körper geben. (Machen Sie sich klar, dass es um eine Erfahrung geht. Sollte sich in Ihnen eine »kluge Instanz« einschalten, so bitten Sie diese, sich doch nach der Übung wieder zu melden.)

Jetzt legen Sie einen oder auch mehrere Finger auf die erste Frage:

- Was will ich?

Verweilen Sie wie in einer Warteposition. Sie wissen noch nicht, was entstehen wird. Was bemerken Sie in Ihrem Körper? Gibt es Gedanken, Bilder, Empfindungen? Wird Ihnen etwas mitgeteilt?

Die Finger wandern zur nächsten Position:

- Was fühle ich?

Verweilen Sie wie in einer Warteposition, Sie wissen noch nicht, was entstehen wird. Merken Sie einen Unterschied, ist es anders im Körper? Gibt es Gedanken, Bilder, Empfindungen? Wird Ihnen etwas mitgeteilt?

Die Finger wandern zur nächsten Position:

- Was denke ich?

Verweilen Sie wie in einer Warteposition, Sie wissen noch nicht, was entstehen wird. Merken Sie einen Unterschied, ist es anders im Körper? Gibt es Gedanken, Bilder, Empfindungen? Wird Ihnen etwas mitgeteilt?

Notieren Sie sich anschließend, welche Fragestellung was zum Ausdruck gebracht hat. Lassen Sie das Ganze dann ruhen wie einen Hefeteig.

Die Ruhezeit hängt sehr von Ihrem Naturell ab. Manche brauchen 10 Minuten, andere einen Tag oder länger. Sie können auch Ihre drei Zentren fragen, was eine angemessene Ruhezeit wäre. Halten Sie sich an die mit Ihnen selbst vereinbarte Dauer. Danach lesen Sie das Notierte noch mal durch. Was hat sich verändert? Gibt es Angebote für den nächsten Schritt? Hat sich etwas geklärt? Ist deutlich geworden, worum es geht?

Mit den gewonnenen Erkenntnissen können Sie die gleiche Übung nochmals durchführen.

Aufstellung der drei Fragen

Ziel: Den eigenen Körper als Resonanzkörper nutzen

Sie schreiben auf drei Blätter die drei Fragen und legen diese auf den Boden: »Was will ich?« direkt vor Ihnen, »Was fühle ich?« schräg vorne links und »Was denke ich?« schräg vorne rechts.

Das Ziel ist, die Fragen in den Körper zu geben und nicht auf Antworten zu lauern. Sie sollten es ganz dem Körper überlassen und mit einer interessierten, aber auch nicht zu fordernden Haltung sich selbst gegenüber in das Dreieck eintreten. Die Augen bleiben geöffnet, und Sie dürfen gerne zum Fenster hinausschauen. Gönnen Sie es sich, dass Sie sich nicht auskennen und offen sind für das, was Ihnen angeboten wird. (Sollte sich die »kluge Instanz« einschalten, so bitten Sie diese, sich doch nachher wieder zu melden – Sie seien gerade beschäftigt.) Sie starten mit der ersten Position und stellen sich auf das Blatt:

- Was will ich?

Während Sie auf dem Blatt stehen, geben Sie diese Frage wie ein Samenkorn in den Bauchraum. Bleiben Sie bei dieser Samenkorn-Frage, sodass sie dort gut keimen kann, und achten Sie darauf, wie der Körper auf das Samenkorn reagiert. Verabschieden Sie sich bewusst vom Bauch, sodass deutlich wird, dass Sie jetzt weitergehen.

Gehen Sie auf die nächste Position:

- Was fühle ich?

Während Sie auf dem Blatt stehen, geben Sie diese Frage wie ein Samenkorn in den Herzraum. Bleiben Sie bei dieser Samenkorn-Frage, sodass sie dort gut keimen kann, und achten Sie darauf, wie der Körper auf das Samenkorn reagiert. Verabschieden Sie sich bewusst vom Herz, sodass deutlich wird, dass Sie weitergehen.

Gehen Sie auf die nächste Position:

- Was denke ich?

Während Sie auf dem Blatt stehen, geben Sie diese Frage wie ein Samenkorn in den Kopfraum. Bleiben Sie bei dieser Samenkorn-Frage, sodass sie dort gut keimen kann, und achten Sie darauf, wie der Körper auf das Samenkorn reagiert. Verabschieden Sie sich bewusst, sodass deutlich wird, dass Sie weitergehen.

In der nachfolgenden Runde »schauen« Sie nach, was aus dem Samenkorn geworden ist. Steigen von dort Bilder, Empfindungen, Gedanken, Gefühle, Informationen oder was auch immer auf? Wie beim Schmetterlingssammler wird alles eingesammelt und erst später geordnet und kategorisiert.

Sie können mehrere Runden drehen und dann wieder das Hefeteig-Prinzip anwenden.

Je wesentlicher die Entscheidung, desto mehr Ruhezeit für die Samenkörner! Es braucht stabile Pflänzchen, die man dann ins Freie setzen kann.

Mit diesem Verfahren kann man sich in jeglichem Entscheidungsprozess selbst begleiten. Wenn man klar darin ist, was man will, was man fühlt und was man denkt, dann steigt die Wahrscheinlichkeit, dass Sie Ihren Prozess als sinnhaft und klärend erleben.

6 DIE PSYCHE ALS ÖKOSYSTEM

Der Gedanke, dass man die Psyche eines Menschen auch als ein in sich funktionierendes Ökosystem begreifen kann, erkennt die Tatsache an, dass dieses Gebilde das Ergebnis eines meist jahrzehntelangen selbstorganisatorischen Prozesses ist. Und er erkennt an, dass bei jedem Eingriff in dieses hochkomplexe Gefüge das Risiko einer – u. U. nachhaltigen – Störung besteht.

So ist das Konzept der *Permakultur* auch für psychische Ökosysteme interessant. Bei diesem Konzept geht es darum, dass Kreisläufe naturnah und nachhaltig funktionieren, also an die Umgebung angepasst sind. Dieses Prinzip, das Vorhandene zu gestalten und weiterzuentwickeln, wird in der Gartenpflege, der Energieversorgung etc. angewandt. Als Denkprinzip kommt es inzwischen auch für Bereiche wie soziale Infrastrukturen, Stadtteilplanung und vieles mehr zum Einsatz. Es wird nur mit Ressourcen gewirtschaftet, die sowohl ökologisch als auch sozial nachhaltig sind.

Wenn man sich beispielsweise in Deutschland eine Bananenstaude in den Garten setzt, so braucht diese besondere Pflege, unter Umständen einen Kälteschutz im Winter etc. Genauso verhält es sich in südlichen Ländern: Wenn dort Rasen wachsen soll, vor allem in den heißen Sommermonaten, so verbraucht dieser ein hohes Maß an Energie in Form von Bewässerungsanlagen. Übertragen auf die Psyche heißt das: Welche »Pflanzen« passen eigentlich zu mir? Und möchte ich unbedingt etwas heranzüchten, das dann einen hohen Einsatz von Ressourcen fordert – mit ungewissem Ausgang, weil es zu meiner »inneren Landschaft« nicht wirklich passt? Die eigene Permakultur in sich zu pflegen und zu hegen verringert das Bedürfnis, danach zu schauen, was andere können, erreichen und verwirklichen. Man wird resistenter gegen wohlmeinende Vorschläge und Ideen von außen und kann vor allem besser unterscheiden, was für einen geeignet ist und was nicht.

Die Magie der Hypothesenbildung

Wie schnell wir andauernd Zusammenhänge konstruieren, ist uns meist nicht bewusst. Hinzu kommt, dass die Erinnerung immer eine Gedächtnisleistung ist. Auf diese ist der Kopf angewiesen, um seine Berechnungen durchzuführen, was für die Zukunft das Sinnvollste ist – sinnvoll in dem Sinne, dass für ihn Orientierung, Überblick und Sicherheit entstehen. Die rationalen Überlegungen des Kopfes gründen auf Vorstellungen aus der Vergangenheit oder Zukunft. Und ähnlich einer Fata Morgana kann das Vorstellungsvermögen jedes Szenario erschaffen. Die Vorstellung, dass dem Kopf gemäß dem triadischen Prinzip tatsächlich nur ein Drittel der Gesamtressource zugeschrieben wird, erzeugt ein Gefühl der Unsicherheit, und dem will der Kopf naturgemäß entgegenwirken.

Wir alle bilden fortwährend Hypothesen und wollen uns auskennen. Wir glauben: Je mehr Informationen wir haben, desto besser wissen wir Bescheid. Dass man jede Information mit irgendetwas in einen Zusammenhang bringen muss und sie dadurch natürlich gewichtet und wertet, ist selbstverständlich. Die Idee, der Körper sei das wirksamste Instrument, um die vorhandenen Bausteine so zusammenzusetzen, dass es für einen selbst passt, ist einerseits verlockend und birgt andererseits das Risiko, dass die Kompetenzen in uns selbst stärker sind als alles, was wir uns so ausdenken.

Körperliche Gewissheit

Es ist verlockend, der inneren Stimme zu folgen, die da meint: »Ich denke, also bin ich.« Es sollen vermeintlich Sicherheit und mehr Überblick entstehen, und die darin liegenden Gefahren und Irrwege des Denkens bleiben unklar. Eine Gewissheit, die körperbasiert ist, wirkt somit subjektiv und wenig kontrollierbar. Ob etwas »lecker« schmeckt, entscheidet der Körper unmittelbar. Diese Form der körperlichen Gewissheit für komplexere Sachverhalte zu erlangen lohnt sich durchaus. Denn man nutzt dann sein Denken mehr für Lösungen als für Hypothesen und erhält ein sofortiges Körper-Feedback. Damit verringert sich das Risiko, Hirngespinsten hinterherzujagen oder sie gar im Kopf endlos kreisen zu lassen.

> Ein Betrunkener sucht unter der Laterne seinen Schlüssel, er sucht und sucht. Ein Polizist kommt des Weges und fragt, was er verloren habe. Er antwortet, dass er seinen Schlüssel suche. Der Polizist hilft ihm, und jetzt suchen beide. Der Polizist will dann wissen, ob der Mann sich sicher sei, dass er den Schlüssel hier verloren habe. Der Mann antwortet ihm, dass er ihn nicht hier, sondern weiter hinten verloren habe, aber da sei es viel zu finster zum Suchen (nach Paul Watzlawick *Die Geschichte vom verlorenen Schlüssel – Mehr desselben*).

Diese nette Geschichte kann uns verdeutlichen, dass wir manchmal auf etwas fixiert sind und dann beginnen, einfach mehr desselben zu denken oder zu fühlen oder auch mit den immer gleichen Reaktionsmustern zu handeln. Ein strukturierter Perspektivwechsel kann hier Abhilfe schaffen.

In den letzten Jahren hat sich das Interesse für die Intelligenz des Körpers weiter intensiviert – was einer gewissen Ironie nicht entbehrt, da wir ja Körper *sind*. Es scheint so, als ob man sich die Selbstverständlichkeit der fortwährenden Körperresonanz erst wieder ein Stück erschließen muss. Die dort verborgenen Entscheidungskriterien anzuzapfen ist immer ein lohnendes Projekt. Denn wenn es möglich ist, für die körperlich gesteuerten Entscheidungen eine gewisse Nachvollziehbarkeit zu erzeugen, dann verringert sich auch die Skepsis, dass diese *unberechenbar* seien.

Kommunikation jenseits von Sprache findet meist spontan und wenig steuerbar statt: Wenn man erschrickt, das Herz wie wild klopft oder einen in einer Situation ein vages Unbehagen überkommt, dann agiert der Körper deutlich wahrnehmbar. Ihn bewusst als »Resonanzkörper« zu aktivieren ist vielen Menschen zunächst einmal fremd, interessanterweise dem Körper selbst aber nicht, denn der reagiert – wie sonst auch – ganz spontan.

Der N-Modus

Analog zum Getriebe eines Automatik-Autos ist im *N-Modus* kein Gang eingelegt. Hier geht es um ein Bewusstsein dafür, dass man die richtige Lösung nicht kennen kann und *ein konstruktiver und möglichst abstinenter Umgang mit Inhalten hilfreich ist.* Man befindet sich in einer nüchternen Grundhaltung. Dadurch verringert man das Risiko, vermeintlich schädliche Zustände, Verhaltensweisen oder schwierige Situationen negativ einzuschätzen. Dieser N-Modus unterstützt die Allparteilichkeit dem eigenen Ökosystem gegenüber.

Wenn man unter den Nebenwirkungen und Risiken seines Ökosystems besonders leidet, dann bewertet man eventuell entsprechende Zustände oder Symptome negativ. Man ist auf der Suche nach einer Lösung, möchte etwas verändern, und aus welchen Gründen auch immer funktioniert das nicht so ganz oder auch gar nicht. Dann will man einen *inneren Schweinehund* überwinden oder die *Willensstärke* ausbauen. Oder man meint, dass man nur positiver denken müsse, dann könne man das Angestrebte erreichen. Die Frage, was denn die gute Absicht daran ist, dass es so ist, wie es ist, fällt einem dann nicht ein. Und etwas Unangenehmes oder Belastendes wertzuschätzen ist oft eine Überforderung. Wer erfreut sich schon an Rückenschmerzen oder einem Stapel von seit Langem nicht bearbeiteten Unterlagen?

Der N-Modus ist als übergeordnete Haltung zu sehen, um sich selbst durchs Leben zu begleiten. Dieser Modus bietet die Möglichkeit, zwei Richtungen einzuschlagen: Er unterstützt einen darin, dass man nicht zu vorschnell beschließt, was für einen richtig und gut ist (»nachdenklich«), sondern mehr darauf lauscht, was einem von innen zur Verfügung gestellt wird (»neugierig«).

- *neugierige Haltung:* interessiert sein an Unerwartetem; mit wahrem Forschergeist all das sammeln, was einem begegnet; Sammeln und Auswerten sind zwei verschiedene Prozesse; sich darauf einlassen, dass man sich nicht auskennt; mit dieser interessierten Grundhaltung den eigenen Prozess begleiten; auf jeden »Ja, aber«- oder »Nein, aber«-Einwand sich selbst gegenüber verzichten; dafür braucht es eine gehörige Portion Humor und Gelassenheit, die Offenheit für Neues ist nicht immer selbstverständlich.
- *nachdenkliche Haltung:* innehalten, wirken lassen, nichts tun, abwarten, Raum geben, reflektieren; bei dem verweilen, was gerade geschieht, und darauf vertrauen, dass sich der Prozess von selbst in die förderliche Richtung entwickelt und dass weniger manchmal mehr ist.

Artgerechte Haltung – sich selbst wirksam führen und begleiten

Die Erwähnung dieses Begriffs löst meistens Heiterkeit aus, da man ihn aus dem Bereich der Tierhaltung kennt. Auf der Suche danach, was für einen selbst *artgerecht* bedeuten könnte, fokussiert man auf die eigenen Möglichkeiten und Fähigkeiten. Dann hat man es leichter, die sensationell guten Ideen und Ratschläge von anderen freundlich und gelassen auszuschlagen.

Und vielleicht ist jetzt auch der eine oder andere Leser dabei, der mit diesem Buch seine Selbstwirksamkeit erhöhen möchte. Beim Lesen leuchten schlaue Sätze und Tipps absolut ein. Jeder von uns kennt dann die Vorsätze: »Ab morgen werde ich immer ...«, und so ein »immer« wird dann manchmal zu einem »Eigentlich sollte ich ...«. Unser Gesamtorganismus hat offensichtlich manchmal anderes mit uns vor als das, was wir uns ausdenken. Und wir können ja auch nicht sicher wissen, wo die eigenen Grenzen liegen und woran wir merken würden, dass wir z. B. ein Ziel verfolgen, für das wir selbst nicht sonderlich gut geeignet sind.

Wenn man den Begriff *artgerecht* ernst nimmt, kann man sich einmal vor Augen führen, dass eine Giraffe anders gebaut ist als z. B.

ein Nasenbär. Wenn der Nasenbär dauerhaft seinen Hals verlängern möchte und dabei positiv denkt, wird seine Performance dennoch recht überschaubar bleiben. Wenn die Giraffe wie ein Zebra aussehen möchte und sich jeden Morgen die Flecken mit Streifen überpinselt, so wird spätestens beim nächsten Regen sichtbar, dass es nur Flecken sind. Wenn der Adler als Lehrer Hase, Igel, Maus und Reh das Fliegen beibringen möchte, so ist das ein erfolgloses Unterfangen, da helfen auch die tollsten Flugtipps nichts. Wenn Sie merken, dass Sie etwas nicht gut können und Ihre Lernkurve in dem Bereich sehr überschaubar bleibt, dann lohnt es sich, darüber nachzudenken, ob Sie es nicht einfach lassen sollten. Wenig ausgeprägte Fähigkeiten lassen sich durch andere Talente erstaunlich gut kompensieren.

Diese Suche nach der passgenauen artgerechten Haltung wird durch die Aktivierung des Körpers interessanter, überraschender und erkenntnisreicher. Sie zeigt uns Grenzen auf, schafft Möglichkeiten, die vorher nicht im Bewusstsein waren, und stärkt die Komponenten des körperbasierten eigenen Weges. Manchmal unterstützt die Triade einen dabei, sich von »Hirngespinsten« zu verabschieden oder »Flausen im Kopf« auszuschütteln. Denn unser Verstand kann nicht allein darüber entscheiden, was artgerecht bedeutet, da spielt tatsächlich die ganze Konstitution – sowohl körperlich als auch psychisch – eine Rolle. Wenn es uns dann gelingt, nicht »ja, aber« oder »nein, aber« zu sagen, sondern uns selbst wirklich zuzuhören und das, was wir uns selbst zur Verfügung stellen, auch ernst zu nehmen, dann übernimmt der Körper die Führung bei der artgerechten Haltung.

Nachhaltiger Umgang mit den eigenen Ressourcen

Wenn wir Bauch, Herz und Kopf als die drei Zylinder des menschlichen Motors betrachten, können wir uns vorstellen, wie eine ausgewogene Nutzung aller drei Ressourcen das Risiko verringert, dass eines der Zentren ausgelaugt wird (s. Abb. 10). Die Selbstregulation in der Triade entsteht durch die Aktivierung der unterschiedlichen Kompetenzen und schafft dadurch eine natürliche Ausgewogenheit.

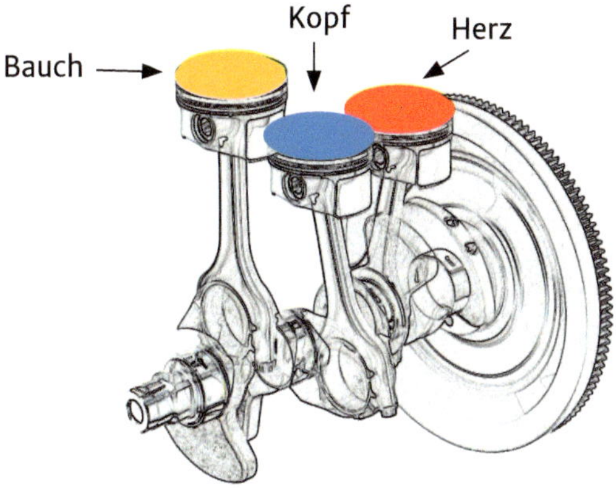

Abb. 10: Der 3-Zylinder-Motor

Mit der Triade wird der Prozess auf drei Säulen gestellt, die als drei Quellen zu nutzen sind. Durch die erste körperliche Bestandsaufnahme des Ressourcenzustands von Bauch, Herz und Kopf wird geprüft, wie gut diese Quellen nutzbar sind. Manchmal sind sie nicht frei zugänglich. Es zeigt sich jedoch in den meisten Fällen, dass nur ein oder zwei Zentren belastet und eingeschränkt nutzbar sind. Der dann folgende fortwährende Perspektivwechsel ermöglicht es, die Steuerungsfähigkeit zu erhalten, und mindert das Risiko der Überforderung oder Überbelastung.

Seine Ressourcen maximal zu nutzen ist ein sehr beliebtes Ziel geworden. Das klingt positiv und verspricht maximalen Erfolg in welchem Bereich auch immer. Deshalb gibt es viele Menschen, die sich selbst und ihre Fähigkeiten ausbeuten, ohne auf Risiken und Nebenwirkungen zu achten. Es ist natürlich, dass man etwas, das man gut kann, auch nutzen möchte und nutzt. Wie in anderen Lebensbereichen auch stellt sich hier die Frage nach einer Ausbalancierung. Die Dosis macht es aus, und auch diese ist nicht festgeschrieben. Wenn jemand als Ziel formuliert, er möchte seine Ressourcen maximal nutzen, dann läuft er Gefahr, dass er seinen psychischen und körperlichen Boden auslaugt.

Sehr häufig kann man erleben, dass z. B. *überforderte Köpfe* es als äußerst positiv erleben, wenn sie sich während eines Prozesses eine

Auszeit gönnen können und dem Geschehen lediglich als interessierte Beobachter beiwohnen. *Weniger ist mehr* gilt für viele Köpfe und durchaus auch für die anderen beiden Zentren, wenn sie von einer Überlastung betroffen sind. Ausgewogenheit der Kernbedürfnisse heißt nicht, dass sie immer im gleichen Maße vorhanden sein müssen, sondern, dass sie so zusammengesetzt sind, wie es für eine bestimmte Situation – und für jeden Menschen wieder ganz anders – passend ist.

Sich überraschen lassen

Die Idee, dass man die Ursache verstanden haben sollte, bevor sich etwas ändern kann, sorgt oft für eine Ursachenforschung oder gar eine fortwährende Analyse der Probleme. Man ist geneigt zu behaupten, man wäre offen für Neues und würde sich spontan einlassen. Die Erfahrung zeigt, dass die Psyche eher konservativ orientiert ist. Sie ist primär darauf ausgerichtet, für Stabilität zu sorgen. Wenn etwas neu ist, dann ist ja noch nicht gesichert, dass es auch für etwas gut ist oder etwas verbessert. Wenn etwas *absolut* neu ist, dann kann man es nicht einordnen, und gewohnte Bahnen funktionieren vielleicht nicht mehr auf Anhieb.

Sich staunend selbst zu begegnen schafft andere Zugänge, und wir können dadurch alte Trampelpfade verlassen und andere Regionen von uns selbst kennenlernen. Meist gibt der Körper recht präzise Auskunft, und sein »Besitzer« staunt über dessen autonome Art und Weise, sich zu organisieren und auszudrücken. Man erkennt das wirklich Neue daran, dass man unwillkürlich vorsichtig, tastend und interessiert reagiert.

Die Psychotonne

Es ist immer eine gute Idee, eine Psychotonne zu installieren. Auch in unserem inneren Haus sammelt sich so manches an, was wir noch nicht wegwerfen möchten, und manchmal verlieren wir den Überblick. Oder man holt die immer gleichen Gegenstände hervor bzw. die Hypothesen darüber, was woher kommt. Sogenannte einschränkende Glaubenssätze gehören auch dazu – übrigens auch die Sätze, die darauf hinweisen sollen: »Das kommt daher, weil ich als Kind ...« Mit diesen Überzeugungen kann man sich geradezu selbst hypnotisieren und verhindert unter Umständen, dass Ereignisse oder Kränkungen auch verblassen können und durch die Zeit weniger wirksam werden. Ich will nicht leugnen, dass unsere Biografie uns prägt. Aber mit diesen Zuschreibungen schaffen wir uns selbst Begrenzungen und halten es nicht mehr für möglich, dass es auch anders sein könnte.

Je sparsamer das eigene psychische Haus möbliert ist, desto mehr Platz ist für neue Erfahrungen. So ist es auch beim Computer: Wenn die Festplatte voll ist, dann dauern alle Vorgänge lange, und der Rechner wird immer langsamer. Deshalb können Sie die »Das-kommt-daher-weil-Sätze« durchaus mal in der Psychotonne parken. Diese kann dann auch etwas Interessantes und Weiterführendes enthalten, auf das man eventuell zu einem späteren Zeitpunkt zurückkommt. Aber alles andere wird zu gegebener Zeit entsorgt.

Die Psychotonne hilft uns dabei, manche Vorstellung oder Illusion über Ursache und Wirkung zu verwerfen.

7 KEINE SCHÖNHEITS-CHIRURGIE IN DER PSYCHE!

Die folgenden Überlegungen und Konzepte sollen die Idee einer minimalinvasiven Vorgehensweise unterstützen und ihre Vorteile erhellen. Wenn Menschen ihren Körper »optimieren« mit Verfahren wie Lippenaufspritzen, Fettabsaugen, Hautstraffung, Botox-Injektionen oder Silikonimplantaten, so ist klar, dass es richtige Eingriffe in den Körper sind, die auch mit Narben und Wundheilung einhergehen. Diesen Vergleich auf die Psyche anzuwenden, soll dazu einladen, sich nicht nur mit dem eigenen Körper anzufreunden, sondern auch mit der eigenen Psyche. Der Vergleich kann provokant wirken, aber es gibt durchaus Fälle, in denen Menschen sich innerlich fortwährend optimieren wollen und sehr wenig Freude daran haben, wie sie sind.

> Wie wäre es, wenn Sie die beste Ausgabe Ihrer selbst schon sind und mit Ihnen alles in Ordnung ist?

Minimalinvasive Vorgehensweise

Der Begriff »minimalinvasiv« stammt aus der Chirurgie und steht für punktgenaue Eingriffe, bei denen durch kleinste Schnitte bei einer Operation möglichst wenig Gewebe verletzt wird. Auch bei Eingriffen in die Psyche sollte es möglichst wenig Kollateralschäden geben, und man sollte nur da in seiner Psyche etwas verändern oder bearbeiten, wo tatsächlich auch ein Thema, eine Einschränkung vorliegt. Die Psyche ist als Organismus anzusehen, der sich weitgehend selbst organisiert und ordnet. Es muss gute Gründe dafür geben, dass man daran arbeitet. Aber »minimalinvasiv« ist immer noch »invasiv«, was darauf hinweist, dass nicht an der Oberfläche gearbeitet wird, sondern durchaus tiefere Schichten der Psyche erreicht werden. Die »Bauch-, Herz- und Kopfmuskeln« zu trainieren, ist risikoarm, wenn dabei keine Schieflage entsteht und der Fokus auf dem Alltagsgebrauch liegt. Aspekte und Themen aus der Vergangenheit werden nur dann bearbeitet, wenn sich eine psychische und physische Notwendigkeit zeigt. An oberster Stelle steht jedoch, mit möglichst minimalen Interventionen sowohl Körper als auch Geist zu stärken. Für die eigene Psychohygiene sind drei Minimal-Interventionen stärkend und unterstützend (s. Kap. 10 unter »Die drei Check-up-Interventionen«):

1. W-Intervention: Weitergehen in der Triade
2. Check: Eigene Version
3. Check: Echtzeitalter

Bevor man in belastende Zustände oder überfordernde Emotionen tiefer einsteigt, empfehlen sich diese Minimal-Interventionen. Diese sollten Sie nacheinander durchführen.

Das Risiko von Großbaustellen

Tatsächlich können wir uns selbst auch Schaden zufügen, wenn wir zu intensiv an uns selbst arbeiten. Vielleicht kennen Sie das Mückenstich-Phänomen: Da hat man einen Stich, der juckt, dann kratzt man, und es juckt noch mehr, und dann schafft man es schließlich sogar, den Stich aufzukratzen. Wenn man Pech hat, infiziert er sich auch noch, und man hat richtig lange was davon.

Das Eingreifen in ein bestehendes Ökosystem birgt immer ein Risiko der Verunreinigung. Egal, welche Methoden man anwendet: Man sollte immer im Blick haben, dass ein zu intensives Vorgehen oder ein zu häufiges *Arbeiten an sich selbst* oft mehr Baustellen entstehen lässt, als alte fertigstellt. Die Psyche organisiert sich weitgehend selbst – so wie der Körper auch. In der nachhaltigen Landwirtschaft gibt es Ruhephasen für den Boden, damit er sich erholen kann. Dem psychischen Acker gönnen wir aber manchmal nicht genug Ruhepausen – aus der Sorge heraus, man würde dann vielleicht Rückschritte machen oder es ginge nicht voran.

8 SELBSTWIRKSAMKEIT

Wie entsteht Selbstwirksamkeit aus triadischer Sicht, und welche Bausteine braucht es dafür? Basierend auf der Triade der Kernbedürfnisse werden die unterschiedlichen »Selbst-Begriffe« sortiert:

- Autonomie: Selbstbewusstsein
- Beziehung: Selbstwert
- Sicherheit: Selbstvertrauen

Autonomie als Vermögen, mit steuerungsfähigen Impulsen zu handeln, erzeugt *Selbstbehauptung,* und wer sich gut behaupten kann, der hat mehr *Selbstbewusstsein.*

Beziehung als positiver Kontakt mit sich selbst und anderen erhöht die *Selbstakzeptanz,* und das führt zu einem stabilen *Selbstwert.*

Sicherheit durch Überblick und Orientierung fördert die Kompetenz, dadurch wächst die *Selbstsicherheit,* und die führt zu *Selbstvertrauen.*

Wenn wir diese drei zentralen Begriffe – Selbstbewusstsein, Selbstwert und Selbstvertrauen – mit Erfahrung und mit Inhalt für uns selbst füllen, steigert das die Selbstwirksamkeit (s. Abb. 11).

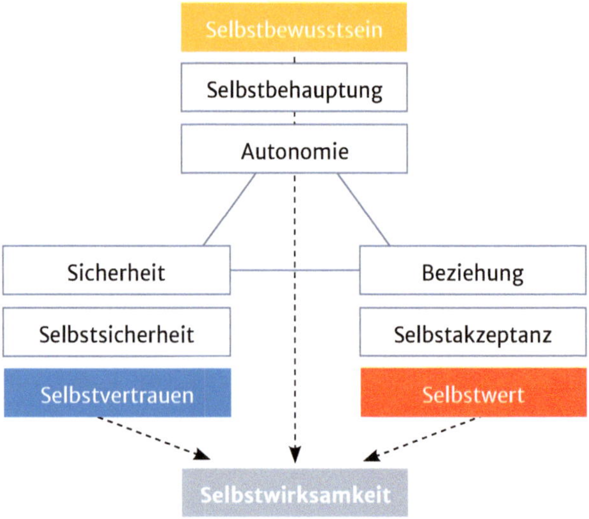

Abb. 11: Drei Komponenten von Selbstwirksamkeit

Wer spontan und zugleich situationsgerecht agieren und reagieren möchte, erhöht die Wahrscheinlichkeit dafür, wenn er sich als selbstwirksam erlebt. Je nach Situation und Anforderung kann eine der drei oben genannten Selbst-Komponenten irritiert oder geschwächt sein. Dies hat damit zu tun, dass das betreffende Kernbedürfnis »angeschlagen« ist. Deshalb ist die fortwährende Ausbalancierung zwischen den drei Begriffen notwendig. Wer gerade etwas Neues lernt, dessen *Selbstsicherheit* wird erst einmal etwas verunsichert sein, aber das grundlegende *Selbstvertrauen* unterstützt dabei, sich Unsicherheit leisten zu können. Jemand, der gerade einen Beziehungskonflikt hat, ist möglicherweise in seiner *Selbstakzeptanz* beeinträchtigt, wenn der *Selbstwert* jedoch gegeben ist, dann entsteht daraus keine grundlegende Erschütterung. Einem anderen, der neu in einem Team ist, fehlt es vielleicht noch an *Selbstbehauptung*, ein gefestigtes *Selbstbewusstsein* unterstützt ihn aber dabei, solche Situationen souverän zu meistern.

> Nehmen wir als Beispiel einen Fachexperten, der sich auf seinem Gebiet bestens auskennt und sowohl inhaltlich als auch in seiner Funktionsrolle sehr selbstsicher ist. Wenn das von ihm selbst

und von anderen anerkannt wird und er positive und lebendige Beziehungen zu anderen Menschen pflegt, hat er auch einen hohen Selbstwert. Von daher meint er, dass es für ihn kein allzu großes Problem sei, auf einer Bühne zu stehen und über sein Fachgebiet zu referieren.

Doch merkt er während der Präsentation schnell, dass es ihm an Präsenz mangelt. Er nimmt nicht den Raum ein, den es für eine interessante Darstellung braucht, und er schafft es dadurch nicht, das, was ihm wichtig ist, den Zuhörern auch nahezubringen. Je weniger er sich wirksam findet, desto mehr verliert er den Kontakt zum Publikum, das seinen Vortrag zunehmend langweilig findet.

Die mangelnde Selbstbehauptung und die Reaktion des Publikums haben dann Auswirkungen auf seine Selbstsicherheit (Kopf) und seine Selbstakzeptanz (Herz), und er kommt womöglich auf die Idee, an diesen beiden Themen zu arbeiten. Sinnvoller wäre es, dass er seinen Präsentationsstil verbessert, und vor allem, dass er den Bauch stärkt, um ausreichend Raum nehmen zu können und so die körperliche Präsenz erhöht.

Wenn wir davon ausgehen, dass alle drei Zentren zwar fortwährend beteiligt, aber unter Umständen nicht immer klar repräsentiert sind, dann wäre es doch sinnvoll, sich für eine erhöhte Steuerungs- und Entscheidungsfähigkeit einen gezielten Zugang zu den drei Kernbedürfnissen und den damit körperlich verknüpften Begriffen zu schaffen. Der Köper bringt meist recht genau zum Ausdruck, in welchem Zentrum der wunde Punkt liegt. Das passt manchmal nicht zum eigenen Konzept, aber es ist umso spannender, sich auf die Spurensuche zu begeben.

Selbstwirksamkeit stärken

Nehmen Sie drei Blätter und schreiben die drei o. g. Selbst-Begriffe darauf. Legen Sie diese wie die Bauch-Herz-Kopf-Triade mit den Begriffen Selbstbewusstsein, Selbstwert und Selbstvertrauen hin – mit der Schrift nach unten, denn Sie sollen nicht über den Begriff nachdenken, sondern die Erfahrung machen, wie dieser im Körper repräsentiert ist. Ziel der Übung ist es, den Begriff zu finden, den es am meisten zu stärken gilt. Wenn Sie den Begriff körperlich aufgespürt haben, dann wird diese in die Bauch-Herz-Kopf-Triade gelegt.

Station 1: Selbstbewusstsein

- Wie nehmen Sie Ihren Körper wahr, wenn Sie auf der 1. Station stehen, was können Sie an sich selbst beobachten?

Station 2: Selbstwert

- Wie nehmen Sie Ihren Körper wahr, wenn Sie auf der 2. Station stehen, was können Sie an sich selbst beobachten?

Station 3: Selbstvertrauen

- Wie nehmen Sie Ihren Körper wahr, wenn Sie auf der 3. Station stehen, was können Sie an sich selbst beobachten?

Gehen Sie eine zweite Runde, um Unterschiede und Veränderungen noch deutlicher wahrnehmen zu können.

Reflexion:

- Welchen der drei Begriffe möchten Sie aus der Perspektive von Bauch, Herz und Kopf besser kennenlernen?

Jetzt wird der ausgewählte Begriff als Anliegen in die Mitte der Triade gelegt. Aktivieren Sie Bauch, Herz und Kopf, achten Sie auf Ihre Körperreaktionen und befragen Sie alle drei Zentren dazu, was sie zur Verfügung stellen können. Sollten Blockaden, Einschränkungen oder Ähnliches auftreten, so arbeiten Sie mit den Interventionen des Check-ups (eigene Version, Echtzeitalter und Weitergehen).

Wenn Sie den Triadenprozess abgeschlossen haben, dann prüfen Sie wieder wie in der Ausgangssituation, was sich bezüglich der drei gewählten Begriffe verändert hat.

Diese drei Begriffe sind immer kontextabhängig. Je nach Situation und Anforderung kann die Standortbestimmung ganz unterschiedlich ausfallen.

9 GRÜNE AMPELN FÜR DIE KERN-BEDÜRFNISSE

Wenn wir die Kraft einer Quelle nutzen möchten, können uns beim Kontakt mit der Quelle so manche Steine, Schlingpflanzen oder Ablagerungen begegnen, die den Fluss der Quelle einschränken. Und die drei Quelltöpfe Bauch, Herz und Kopf sind der Dreh- und Angelpunkt für den Zugang zu weiteren Ressourcen. So ist es nachvollziehbar, dass wir auch einen – manchmal sehr unmittelbaren – Zugang zu diesen Einschränkungen finden. Manchmal existieren diese schon sehr lange in unserem Leben. Manchmal waren sie zu einer bestimmten Zeit sinnvoll und unterstützend. So entstehen dann Umleitungen, oder eine Quelle hat die Aufgabe der anderen weitgehend übernommen oder ist etwas versickert und kaum noch nutzbar. Wir alle kennen das, dass wir manchmal Wege wählen, die kraftraubend oder kompliziert sind – einfach, weil sie vertrauter und sicherer erscheinen.

Wenn wir dem Körper vertrauen, was er präsentiert und zur Verfügung stellt, sorgt das dafür, dass wir uns nur dem widmen, was momentan relevant ist. Die Orientierung bleibt immer eng an das Körpererleben geknüpft. Wenn etwas besser wird, muss man nicht wissen, wie es vorher war.

Wenn die Kernbedürfnisse nicht aus einem Mangel heraus entstehen, sondern Antrieb und Motivatoren sind, so ist es möglich, dass etwas in Ihnen als Bremse bezüglich eines oder mehrerer Kernbedürfnisse wirkt und dadurch Ihr Zugang eingeschränkt ist. So kann es sein, dass Ihnen Personen, Situationen oder Ereignisse in Ihrem Leben begegnet sind, die dafür sorgen, dass Ihre inneren Ampeln nicht auf grün stehen, sodass die Kernbedürfnisse nicht frei fließen können:

- Autonomie: wenn Selbstbestimmtheit nicht möglich oder nicht gewünscht war
- Beziehung: wenn Kontakt und Beziehung belastet oder gestört war
- Sicherheit: wenn wenig Überblick und Orientierung vorhanden waren.

Es ist nicht immer selbstverständlich, dass die drei Kernbedürfnisse einem als Quellen gut zugänglich sind. Je nachdem, was man erlebt hat, wie man geprägt wurde und was man an inneren Überzeugungen mit an Bord hat, kann es sein, dass einen manchmal das Gefühl überkommt, es funktioniere mit der Autonomie nicht so gut, wie man sich das wünscht. Oder das Kernbedürfnis Beziehung fühlt sich wackelig an, oder man ist von seinem Herzen abgeschnitten. Ein anderer erlebt immer wieder, dass Überblick und Orientierung verloren gehen und Unsicherheit entsteht. Die Beeinträchtigung eines oder mehrerer Kernbedürfnisse ist durchaus situationsabhängig. So kann der Zugang zur Quelle z. B. nur kurzfristig behindert sein. Wenn die Ressource jedoch dauerhaft schwächelt, so können Sie sich einen oder mehrere der Stärkungssätze (s. u.) gönnen. Wenn auch das Sie nicht ausreichend stärkt, so finden Sie im Anschluss an die ABS-Stärkung bei den psychosomatischen Knoten Hinweise darauf, womit diese Blockade eines Kernbedürfnisses zusammenhängen könnte. Blättern Sie das mal durch, vielleicht ist etwas für Sie dabei.

ABS-Stärkung

Die untenstehende Auswahl an Formulierungen (s. Abb. 12–14) ermöglicht es Ihnen, sich einen Stärkungssatz zu wählen, der momentan für Sie unterstützend ist. Sie können ihn auf eine Karte schreiben, an den Computer heften oder als Foto auf dem Handy haben. Wenn Sie den Satz dann lesen, achten Sie darauf, dass es auch ein Ja dazu gibt und er nicht eine Anforderung darstellt.

Ich bleibe souverän und gehe meinen Weg.

Ich kann so da sein, wie ich bin.

Ich genüge meinen Ansprüchen und bin mein eigener Maßstab.

Abb. 12: Sätze zum Kernbedürfnis Bauch/Autonomie

Ich liebe und achte mich so, wie ich bin.

Ich finde mich super! (Ich bin absolut okay.)

Ich bin in tiefem Kontakt mit mir selbst.

Abb. 13: Sätze zum Kernbedürfnis Herz/Beziehung

Ich behalte den Überblick.

Ich sorge für meine Sicherheit.

Ich gönne mir alle Möglichkeiten.

Abb. 14: Sätze zum Kernbedürfnis Kopf/Sicherheit

Jeden dieser Sätze können Sie sich auch als Fokus in die Triade legen und Bauch, Herz und Kopf dazu einladen, ihr Feedback dazu abzugeben. Anhand der Kernbedürfnisse können Sie selbst weitere Sätze kreieren, die für Sie noch passgenauer sind.

Ein Kernbedürfnis

Ziel: Stärkung eines Kernbedürfnisses

Sie legen die drei Scheiben für Bauch, Herz und Kopf wie gewohnt im Dreieck. Im 1. Durchgang achten Sie auf die Unterschiede im Körper auf der jeweiligen Station. Dann erfolgt der 2. Durchgang, mit der Aufmerksamkeit darauf, ob sich etwas verändert hat.

Im 3. Durchgang legen Sie eine Scheibe für den ausgewählten Satz in die Mitte des Dreiecks. Bitte beschriften Sie das Blatt/ die Scheibe in der Mitte nicht, sondern sagen sich den Satz auf der jeweiligen Position. Stellen Sie sich vor, dass Sie mit jedem Einatmen den Satz im Bauch, anschließend im Herzen und dann im Kopf ganz aufnehmen. Es geht nicht darum, was er bedeutet, sondern was im Körper geschieht, wenn der Satz dort ankommt.

Wünschenswert wäre, dass alle drei Zentren durch die Körperreaktionen ein »Ja genau!« ausdrücken. Lassen Sie Bauch, Herz und Kopf sprechen und hören Sie sich zu, was diese jeweils zum Stärkungssatz mitzuteilen haben.

Psychosomatische Knoten

Wenn man länger an einem inneren Zustand leidet oder sich beharrlich nicht entscheiden kann bzw. sonstwie auf unergründliche Weise in seiner Selbstwirksamkeit beeinträchtigt ist, dann liegt das in den allermeisten Fällen an sogenannten Blockaden. Durch die Bezeichnung *PS-Knoten* (psychosomatische Knoten) verdeutlichen wir, dass diese Blockaden zwar psychischen Charakter haben, aber letztlich im Körper und aus dem Körper heraus wirken. Zudem lässt sich noch die allgemein bekannte Bedeutung von »PS« assoziieren, denn die PS-Knoten hindern einen daran, die persönliche PS-Leistung auf die Lebensstraße zu bringen.

Die PS-Knoten entsprechen den *Big Five* der Lösungsblockaden bei PEP® (Prozess- und embodimentfokussierte Psychologie, nach Michael Bohne). Dies sind die fünf Kontrollleuchten im Cockpit des

Lebens, die wir immer im Blick haben sollten. Je länger eine oder mehrere dieser Leuchten rot blinken, desto höher wird das Risiko der psychischen und körperlichen Beeinträchtigung.

Der Einfluss von Gedanken auf den Körper

Es gibt Menschen, die nur an eine bevorstehende Zahnwurzelbehandlung denken müssen, und schon haben sie Herzklopfen oder bekommen einen Schweißausbruch. Auch Gedanken an eine baldige Prüfung, einen öffentlichen Auftritt, eine Flugreise usw. können massive Stressreaktionen auslösen. Ebenso ist es möglich, sich im Vorfeld über etwas zu freuen – z. B., weil demnächst eine geliebte Person eintreffen wird.

So ist die Kraft der Gedanken nicht zu unterschätzen. Die positiven Effekte der mentalen Vorstellung nehmen wir gerne alle mit. Die negativen Effekte hingegen möchten wir vermeiden oder zumindest verringern. Doch unser Körper zieht es vor, uns schon mal in Alarmbereitschaft zu versetzen. Diese erhöht nicht gerade unsere Denkfähigkeit, sondern ist eher darauf ausgerichtet, dass wir fliehen oder angreifen oder erstarren. Da diese Stressreaktionen durch die PS-Knoten noch verstärkt werden, ist es ratsam, die Verknotungen aufzuspüren und wenn möglich zu lösen.

Im Folgenden möchte ich die PS-Knoten/Big Five der Lösungsblockaden einzeln beschreiben (s. Abb. 15).

Abb. 15: Psychosomatische Knoten

Nr. 1: Selbstvorwürfe

Wer sich selbst kritisiert, mit sich unzufrieden oder genervt von sich ist, der leidet unter Selbstvorwürfen. Manchmal sind diese uns so vertraut, dass sie uns nicht einmal auffallen. Offensichtlich hält es die Psyche für eine gute Idee, dass man sich selbst damit entkräftet. Es ist eine Motivationspsychologie des Überlebens, deshalb ist sie wahrscheinlich auch bei den meisten Menschen immer wieder anzutreffen. Manche Menschen sind Experten darin, mit sich selbst unzufrieden zu sein. Man sollte sich klarmachen, dass man sich mit Selbstvorwürfen fortwährend selbst malträtiert. Es gibt mehrere Komponenten, aus denen sich diese Vorwürfe speisen.

Komponente I: Sich zusammenreißen

Dies ist ein sehr beliebter Bestandteil von Selbstvorwürfen: »Wenn ich mich nur mehr zusammenreißen würde, dann würde es auch besser laufen.« Was das körperlich bedeutet – für die Durchblutung, den Hormonhaushalt, die Muskeln, die Organe etc. –, davon haben wir wenig Ahnung. Das Ziel, das wir dadurch anstreben, lautet meist in irgendeiner Form: *mehr Leistung*. Das kann zu einem Daueranspruch werden, als habe man sich nie ausreichend zusammengerissen – egal, wie sehr man sich anstrengt.

Komponente II: Es besser machen

Die zweite Möglichkeit oder Komponente ist das ewige Echo in einem, man müsse es doch besser machen! Woher weiß ich eigentlich, dass ich es besser kann? Wer bestimmt eigentlich, was besser ist? Welcher Anteil in mir hat diesen hohen Anspruch, den ich offensichtlich gar nicht erfüllen kann? Diesen *Mach-es-einfach-besser-Anteilen* ist der Preis für die fortwährende Optimierung meist nicht wirklich bewusst. Oft leiden sie auch unter »Infektionen« und haben sich – manchmal vor ziemlich langer Zeit – »angesteckt« (s. PS-Knoten Nr. 5, S. 88).

Komponente III: Vergleichen

Wer eine dauerhafte Anleitung zum Unglücklichsein sucht: Absolut wirksam ist es, sich mit anderen zu vergleichen! Es werden sich immer welche finden – am besten *alle* oder *jeder* –, die etwas viel besser können, die ganz anders sind und mehr oder weniger von etwas haben – in Bezug auf den Körper, die geistigen Fähigkeiten, praktische Talente, Besitz und vieles mehr. Oft sind dies innere Anteile, die zusätzlich noch unter »Dauerschrumpfen« leiden (s. PS-Knoten Nr. 4, S. 86).

Komponente IV: Bereuen

»Hätte, hätte, Fahrradkette ...« Diese berühmte Möglichkeitsform ist eine hervorragende Ergänzung zu den anderen drei Komponenten. Wenn man etwas bereut, liegt das in der Vergangenheit, ist also schon geschehen. Wer das fortwährend wiederkäut, fühlt sich immer schuldiger, beschämter und ohnmächtiger in seinem Vorwurf gegen sich selbst. Wer ein Experte im Bereuen ist, der schafft sich eine Endlosschleife der Selbst-Schwächung.

> Wenn Erfolg und Wirksamkeit mit der Menge an Selbstvorwürfen korrelieren würden, dann wären viele Menschen Überflieger!

Nr. 2: Fremdvorwürfe

Vorwürfe gegen die Eltern, den Partner, die eigenen Kinder, Nachbarn, Geschwister, das Schicksal, die Welt, das Wetter, die Gesellschaft oder den Staat können durchaus ihre Berechtigung haben! Bei diesem PS-Knoten geht es nicht darum zu leugnen, dass uns andere, die Welt oder das Schicksal etwas zugefügt haben, dass wir ungerecht behandelt oder unsere Werte nicht geachtet werden. Wir ärgern uns, sind wütend oder enttäuscht über andere bzw. dem Unglück gegenüber, das uns widerfahren ist. So entsteht dann – unter Umständen dauerhafter – Stress im *eigenen* Körper. Diese stressenden Emotionen resultieren in Vorwürfen anderen gegenüber. Wenn wir diese Vorwürfe immer wiederholen und damit *ein Ziel definieren, was wir selbst nicht erfüllen können*, wie Michael Bohne das ausdrückt, machen wir uns abhängig. Der Vorwurf gegen andere ist wie ein Gift, das man selbst einnimmt, dabei aber hofft, dass es dort wirkt, wohin der Vorwurf gerichtet ist.

Nr. 3: Erwartungen

Jeder Mensch hat zu jeder Zeit Erwartungen – mehr oder minder bewusst. Manchmal bemerkt man seine Erwartungen z. B. erst daran, dass etwas nicht eintrifft, das man als selbstverständlich ansieht.

> Zum Beispiel erwartet man, dass der Bäcker unter der Woche um 9:00 Uhr vormittags geöffnet hat. Wenn man dann extra einen Umweg gefahren ist, um bei besagtem Bäcker vorbeizufahren, und dieser wegen Betriebsferien geschlossen ist, ist man enttäuscht. Wenn man vorher auf dessen Webseite war und dort keinen Hinweis über die Betriebsruhe gefunden hat, ärgert man sich doppelt: Das hätte der doch wirklich auf der Homepage mitteilen können! Während der Bäcker mit einem Cocktail unter Palmen sitzt, haben wir Stress in unserem Körper und noch dazu keine Brötchen.

Solange Erwartungen erfüllt werden, schenken wir ihnen wenig Aufmerksamkeit, im besten Falle freuen wir uns – beim geöffneten Bäcker allerdings meist nicht, weil wir es für selbstverständlich halten.

Manchmal glauben wir: Wenn wir Erwartungen nur klar genug formulieren, dann richten sich andere danach bzw. tragen etwas dazu bei. Erwartungen können absolut berechtigt sein. Interessant wird es dann, wenn diese Erwartungen nicht erfüllt werden und die eigenen Möglichkeiten der Einflussnahme ausgeschöpft oder überhaupt nicht vorhanden sind. Auch hier definiert man etwas oder adressiert es an andere, damit die etwas ändern, tun oder nicht tun etc., und begibt sich damit in eine gewisse Abhängigkeit, was dann im Inneren weitere Schleifen der Belastung erzeugen kann. So entsteht das Risiko, einfach darauf zu beharren, *dass man ja wohl erwarten könne, dass …* Dieses Beharren – vor allem, wenn es massiv um eigene Werte geht – kann äußerst hartnäckig sein. So lädt man die nicht erfüllten Erwartungen dazu ein, dass sie eine zentrale Position in der eigenen Aufmerksamkeit einnehmen. Oft geht es um Themen, von denen man weit mehr betroffen ist als vom geschlossenen Bäcker aus dem Beispiel oben. Gerade wenn man selbst Leidtragender ist, rückt man oft von den eigenen Erwartungen nicht ab. Es sollte uns dabei klar sein, dass das weitere Beharren meist von wenig Erfolg gekrönt ist – die Energiebilanz fällt zu unseren Ungunsten aus.

Chronische Fremdvorwürfe plus Erwartungen

Wenn man eine Erwartung hatte, die nicht erfüllt wurde, und daraus ein Vorwurf resultiert, entsteht oft Empörung. »Empörokokken« entstehen dann, wenn das, was mal Ausdruck einer spontanen Empörung war, inzwischen zu einem Erreger geworden ist, der sofort in uns aufflammt und uns unter Umständen schwächt. Wenn wir uns empören, gibt das erst einmal Energie. Wir können den Missstand, das Verhalten etc. benennen und formulieren, was an dem Objekt unserer Empörung nicht in Ordnung ist. Manchmal meinen wir, *wir bräuchten eine Empörungsenergie, um in der Welt etwas zu verändern.* Diese Energie birgt das hohe Risiko, dass man sie selbst irgendwann nicht mehr bewusst steuern kann. Empörokokken sind Rudeltiere, sie leben nicht gerne allein und neigen dazu, sich rasch zu vermehren. Es stellt sich die Frage, ob diese Energie für unseren Organismus wirklich nährend und unterstützend ist. Der Zustand der Empörung kann schnell zum Dauerzustand werden.

DER BEGINN EINER LEICHTEN EMPÖROKOKKEN-INFEKTION

Das hat jeder schon erlebt, dass man mit dem falschen Fuß aufsteht. Der Wecker hat nicht geklingelt, ich stoße mich am Bettrahmen, der Kaffee ist alle, das Auto springt nicht an, und dann hat der Bus auch noch Verspätung! Ich komme abgehetzt zur Arbeit, und die Kollegen stehen tiefenentspannt im Kaffeeraum und machen noch ein Späßchen über mich. Die Wahrscheinlichkeit, dass ich im Lauf des Tages viel anfälliger dafür bin, mich weiterzuärgern, erhöht sich drastisch.

Vielleicht ärgert man sich am Morgen erst einmal über sich selbst, aber spätestens beim verspäteten Bus kommt dann die Außenwelt ins Spiel. Wenn man dann abends nach Hause kommt und jemand den letzten Lieblingsjoghurt schon aufgegessen hat, kann es zur Spontanentladung des Empörokokken-Speichers kommen.

Nr. 4: Schrumpfen

Damit ist gemeint, dass man sich jünger, hilfloser, ohnmächtiger, inkompetenter fühlt als man angesichts seines Alters ist. Das kann in manchen Situationen super laufen, wenn man möchte, dass ein anderer etwas für einen erledigt: *Sei schlau: Stell dich dumm oder jung!* In den allermeisten Fällen jedoch erleben wir das eher als unangenehm, und es entsteht ein Gefühl von geschwächter Selbstwirksamkeit. Unter negativem Stress erhöht sich das Risiko, dass man einen jüngeren Zustand in sich aktiviert. Wenn dieser auch dann noch die Erinnerung an alte Verletzungen weckt, wird man zunehmend empfindlicher. Ob man dann mit Wut, Trauer oder Angst reagiert, hängt davon ab, in welchem Zentrum und dem zugehörigen Kernbedürfnis man besonders verletzt wurde. Wenn man in einem jüngeren Zustand ist, hat man oft trotzdem noch das Sprachvermögen des Erwachsenen zur Verfügung. Die Wirkung auf andere kann entweder recht massiv sein oder auch albern, oder man wird – zu Recht übrigens – nicht ernst genommen. Es gibt Menschen, die in einer *Endlos-Schrumpfungs-Schleife* gefangen sind. Hier empfiehlt sich ein konsequentes Echtzeitaltertraining mittels Triade, sodass sich die Einladung, in jüngere, hilflosere Anteile zu wechseln, freundlich und bestimmt ausschlagen lässt.

Nr. 5: Loyalitäten

Mit Loyalität als Blockade ist gemeint, dass man in eine bestimmte Angelegenheit noch auf eine Art und Weise verwickelt ist, die einen selbst nicht stärkt und die wenig hilfreich ist. Das ist wie bei einem Fadenknäuel, wo mehrere Fäden miteinander verknotet sind und Anfang und Ende sich nicht gut entwirren lassen. Per se ist Verbundenheit eine gute Idee, denn wir sind mit anderen Menschen, einer Firma, der Gesellschaft, dem Staat und der Menschheit verknüpft, und es gibt Kulturen, die deutlich mehr Bewusstsein für die Wirkung ihrer Vorfahren haben als die unsrige. Aber es geht nicht nur um Vorfahren, sondern Loyalitäten können auch aktuelle Bezugssysteme betreffen wie Glaubensgemeinschaften, Arbeitgeber, Geschwister, soziale Bezugssysteme etc. Es ist z.B. naheliegend, dass man es selbst als unpassend empfindet, wenn man in bester

Stimmung ist, und es im Umfeld aber jemandem nicht so gut geht. Mitschwingen mit anderen Menschen ist eine wesentliche Eigenschaft, sie birgt aber auch Risiken und Nebenwirkungen. So kann man sich an Gefühlen, Überzeugungen, Gedanken und sogar Körperhaltungen anderer Menschen dauerhaft »infizieren«. Manchmal erstreckt sich so eine Infektion über Generationen hinweg. Zur näheren Bezeichnung dieser Infektionen hat Michael Bohne zwei Begriffe etabliert: *Emokokken*-Infektionen mit Gefühlen von anderen und *Kognokokken*-Infektionen mit den Überzeugungen bzw. Werten von anderen. Auch bei diesen psychischen Infektionen weiß man oft nicht, wo man sich den Erreger eingefangen hat.

Wenn das eigene psychische Immunsystem gut funktioniert, ist die Loyalität zu einem System, einem Menschen, der Familie etc. an sich kein Problem. Hat das Gefühl, man habe sich in dem Knäuel verheddert, jedoch negative Auswirkungen, sollte man dies nicht unterschätzen. Deshalb ist es sinnvoll, zumindest die Möglichkeit in Betracht zu ziehen, dass etwas nicht das Eigene ist, obwohl es sich so *anfühlt*. Sonst besteht die Gefahr, dass man sich an etwas abarbeitet, das nicht der eigenen Biografie entstammt. Es ist jedoch auch nicht empfehlenswert, zu sehr in das Geflecht z. B. seines Familiensystems abzutauchen, um für sich etwas zu entwirren. Nicht das Trauma z. B. der Urgroßmutter ist das Problem, sondern eine eventuell vorhandene Infektion mit der dort entstandenen Blockade. Sehr empfehlenswert bei belastenden Loyalitäten ist die Arbeit mit der Intervention »Eigene Version«.

Das psychische Immunsystem

Wenn die Psyche den Unterschied zwischen *fremd* und *eigen* nicht (mehr) erkennt, kann sie fremde Einflüsse nicht gut abwehren. Manchmal hat sich jemand so früh an etwas infiziert, dass er sich nicht daran erinnert. Oder es gibt eine Erinnerung, dass man etwas von anderen übernommen hat, aber man wird den Erreger einfach nicht los.

Emokokken

> Bei einer »Emokokken-Infektion« infizieren wir uns mit den Gefühlen einer anderen Person.

Dazu ein Beispiel: Ein Mann hat seine Mutter in frühen Jahren verloren und trägt die Trauer darüber in sich. Sein eigener Sohn spürt diese Trauer und übernimmt unbewusst einen Teil davon. So fühlt sich der Sohn auch später immer wieder von Trauer überwältigt und hält das übernommene Gefühl irgendwann ganz natürlich für das eigene, was es im gewissen Sinne ja auch ist.

Kognokokken

> Bei »Kognokokken-Infektionen« übernehmen wir Überzeugungen und Werte aus dem Familiensystem, von anderen Personen, von einer Glaubensgemeinschaft oder einer bestimmten Epoche etc.

Es ist selbstverständlich, dass Kinder Überzeugungen und Werte ihrer Eltern, der Schule oder anderer Autoritätspersonen übernehmen und sich damit identifizieren. Dies dient als Grundlage für die Entwicklung eigener Werte und ist prägend für das persönliche Weltbild. Wenn dies ein identitätsstärkender Prozess ist, kann man abwägen, welche Aspekte für das eigene Leben und Denken sinnvoll sind und was man anders sieht oder anders gestalten möchte.

Wenn solche Überzeugungen oder Werte für uns selbst entwicklungshemmend wirken, wir aber unreflektiert oder auch völlig unbewusst daran festhalten, liegt eine Kognokokken-Infektion vor. Auch eine brüske Abwendung davon kann auf eine solche Infektion hindeuten. Das ist manchmal das Tragische an Kognokokken: Weil sie im Leben nicht – oder nicht mehr – besonders funktional wirken, entsteht eine Rebellion dagegen, aber mit der Ablehnung bezieht man sich darauf und erhält somit die Bindung dazu aufrecht.

Embodikokken

Bei einer »Embodikokken-Infektion« übernehmen wir Körpersymptome oder Körperhaltungen einer anderen Person.

Hat jemand – oder auch nur ein Anteil von ihm – die Körperhaltung oder den Gesichtsausdruck einer anderen Person quasi körperlich in sich aufgenommen, kann man das als Embodikokke bezeichnen. Das kann sich in einer Körperhaltung oder in spezifischen Symptomen ausdrücken – z.B. in der Körperanspannung, als durchgestreckte Beine oder als eine bestimmte Kopfhaltung. In der Triade erkennt man Embodikokken daran, dass jemand in einem Zentrum plötzlich die Körperhaltung unbewusst verändert, manchmal ist auch die Stimmlage oder die Mimik davon betroffen. Auch das spontane Auftreten eines Körpersymptoms kann ein Hinweis darauf sein.

Auf das eigene psychische Immunsystem vertrauen

In der Triadenarbeit ziehen wir immer die Möglichkeit einer solchen Infektion in Betracht. Da man in fortwährender Wechselwirkung zu unterschiedlichsten Systemen steht, kann man als »ganzer Mensch« oft nur schwer das Eigene abgrenzen von dem, was einem vielleicht nur gewohnt und vertraut ist.

Mit dem triadischen Blick lässt sich ein intaktes psychisches Immunsystem wie folgt beschreiben:

- Der körperliche/seelische/geistige Zugang zu Bauch, Herz und Kopf und den drei Kernbedürfnissen ist vorhanden.
- Die Kernbedürfnisse stehen als Ressource zur Verfügung und sind situativ ausgewogen.
- Als Kompetenzzentren wirken Bauch, Herz und Kopf wie Magneten, die Eigenes anziehen und Fremdes abstoßen.

Wenn einem etwas gewohnt und vertraut scheint, muss es nicht das Eigene sein!

Nach den ausführlichen Erläuterungen zu den PS-Knoten im vorigen Abschnitt haben Sie vielleicht den Eindruck gewonnen, dass

Sie hart an sich arbeiten müssen, um das alles zu überwinden oder aufzulösen. Wenn jedoch die drei Zentren in der *eigenen Version* und im *Echtzeitalter* vertreten sind, und projektbezogen sowie mit und für ihren Besitzer agieren, können Sie fremde Erreger schneller und manchmal sogar unbemerkt abwehren. Die Stärkung der psychischen Immunabwehr verringert das Risiko von Infektionen deutlich. Deshalb empfiehlt es sich, wirklich bei sich selbst zu bleiben und in einen inneren Trialog zu gehen, damit auch langjährige Infektionen oder PS-Knoten sich auflösen. Wenn es Ihnen dabei gelingt, die PS-Knoten als Warnlampen anzusehen und diese wieder auf Grün zu stellen, können Sie viel Freude an sich selbst haben!

Ich mache es mir recht!

Erinnern Sie sich an eine Situation oder eine Zeit in Ihrem Leben, in der Sie es jemand anderem recht machen wollten. Das kann ein Lehrer in der Schule gewesen sein oder eine Situation in der Ausbildung, im Studium, im Freundeskreis, in einer Partnerschaft oder gegenüber den Kindern, dem Arbeitgeber oder Kollegen.

Schließen Sie dazu die Augen und achten darauf, wenn Sie den Satz: »Ich möchte es der Person recht machen« in den Körper nehmen, welche Situation, welches Bild auftaucht. Wenn eine solche auftaucht, verweilen Sie dort etwas und lassen Sie die Erinnerung schweifen, ob eine solche Situation oder ein Lebensabschnitt aktiviert wird. Wenn Sie einen Bezug herstellen können, öffnen Sie die Augen.

Schreiben Sie alles auf, was Ihnen dazu einfällt – möglichst spontan, gerne unsortiert und ohne Zensur. Sie werden es merken, wenn alles Relevante zu Papier gebracht ist. Dann nehmen Sie einen Stift in einer anderen Farbe und begeben sich auf Spurensuche nach den PS-Knoten 1–5.

- In welcher Formulierung können Sie welche/n Knoten entdecken?

Wenn Sie den Prozess der Erkenntnissuche abgeschlossen haben, prüfen Sie nochmals, ob einer oder mehrere Knoten bezüglich der erinnerten Situation noch wirksam sind. Wenn nicht, Gratulation! Wenn doch, dann können Sie mit dem Satz »Ich mache es mir recht« in die Triade gehen und Bauch, Herz sowie Kopf aktivieren und dazu befragen, was diese zur Verfügung stellen können.

Achten Sie darauf, dass Sie sich nicht von Ihren Erinnerungen vereinnahmen lassen. Sollten zu starke Emotionen auftauchen, reden mit sich selbst: beruhigend, freundlich, in einer für Sie angenehmen Tonlage. Sagen Sie sich, dass das eine Erinnerung ist, und vergegenwärtigen Sie sich den aktuellen Moment.

10 HANDBUCH FÜR DIE TRIADE

Das Handbuch für die Arbeit mit dem triadischen Prinzip bietet zahlreiche Interventionen an. Das heißt, Sie können verschiedene Möglichkeiten ausprobieren und sofort anhand Ihres Körpers feststellen, ob sich dadurch etwas verändert. Wenn eine Intervention wirksam ist, dann gilt das in beide Richtungen: Man kann sehr schnell in einen vorher nicht vorstellbaren Ressourcenzustand kommen. Und manchmal sieht der Körper es als große Chance an, belastendes Material an die Oberfläche zu bringen. Allerdings wird wahrscheinlich kein Mensch gerne von negativen oder stressigen Zuständen überflutet. Deshalb ist es sinnvoll, solche Phänomene zu dosieren, sodass man die Steuerung behält.

Das ist wie im richtigen Leben: Manchmal erhält man mehr Feedback, als man sich gewünscht hat. Es gibt einige Möglichkeiten, wie man mit belastenden Empfindungen, Emotionen und Körperreaktionen in der Triade arbeiten kann. Wenn wir die Triade von Bauch, Herz und Kopf als Tanz mit uns selbst sehen, so gibt es einige *Moves* (im Sinne von bewegen, umziehen, verschieben), also Schrittfolgen, die geeignet sind, um den Ressourcenfluss in einem für uns passenden Maß wieder in Gang zu bringen. Den Körper und damit auch die Psyche nicht zu überlasten ist der Hauptfokus im *Triadentanz*, denn auch »Psychomuskeln« können Muskelkater bekommen.

Wenn also eine wie auch immer geartete Befindlichkeitsstörung auftaucht, dann heißt es nicht ausharren und immer tiefer einsteigen, sondern sich mit einer oder mehreren Interventionen selbst Angebote zu unterbreiten. Wie es sich für eine gute Gebrauchsanweisung gehört, gibt es erst einmal eine Kurzanleitung, und wer es genauer wissen möchte, kann anschließend genauer nachlesen.

Ein Thema fokussieren

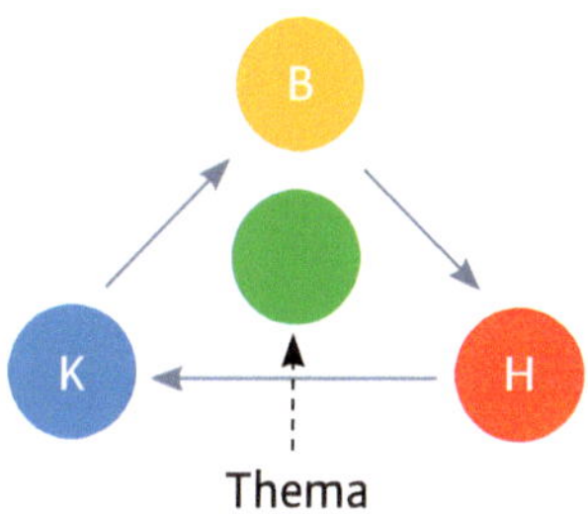

Abb. 16: Die Triade und ein Thema

Wenn man sich mit einem Thema (s. Abb. 16) näher befassen möchte, dann sollte man ein paar Regeln beachten:

- Das Ziel sollte für einen selbst erfüllbar sein.
- Das Thema hat mit einem selbst zu tun.
- Die drei Zentren sollen nicht in eine Ja-nein-Situation gezwungen werden.
- Stellen Sie keine belastenden Themen in die Mitte.
- Stellen Sie keine anderen Personen in die Mitte.

Warum sollte man sich an diese Regeln halten? Wenn Sie das Ziel nicht selbst erfüllen können, sind Sie auf andere oder auf bestimmte Umstände angewiesen – sie müssten andere also geradezu »beschwören«, dass sich bei ihnen etwas ändert. Der Fokus liegt aber immer auf der eigenen Person. Die Triade ist nicht das Orakel von Delphi. Bleiben Sie deshalb ergebnisoffen in der Fragestellung und formulieren Sie Ihr Anliegen nicht als Frage, sondern als Thema. Belastende Themen sollen nicht in die Mitte gelegt werden, sonst würde man unter Umständen dafür sorgen, dass alle drei Zentren davon infiziert werden. Auch andere Personen haben im Zentrum der eigenen Triade nichts zu suchen, da diese ja selbst eine Triade haben. Man kann aber auf die eigene Beziehung mit XY fokussieren.

Zum Einstieg in die Begegnung mit sich selbst ist es sinnvoll, nicht gleich mit den ganz großen Themen zu starten. Fangen Sie erst einmal mit Alltagsthemen an.

> Geduld und Zuversicht sind die beiden Zutaten, die in der Triadenbegehung am hilfreichsten sind.

Kurzanleitung der Triade

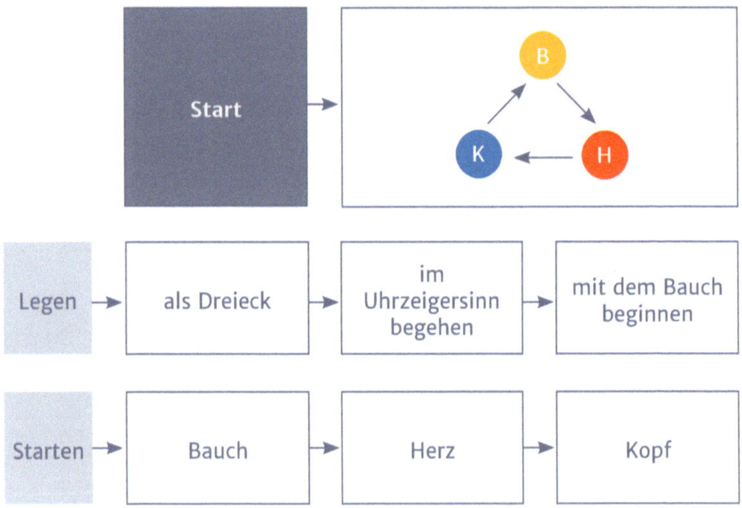

Abb. 17: Grundaufstellung der Triade

- Die drei Positionen werden im Dreieck gelegt (s. Abb. 17).
- Begehung im Uhrzeigersinn
- Die Augen bleiben geöffnet.
- Starten Sie beim Bauch.

- »Ich gehe mit der Aufmerksamkeit und Wahrnehmung in den Bauch/das Herz/den Kopf.«
- Wie ist es im gesamten Körper?
- 1. und 2. Durchgang – Aufwärmen ohne Thema
- 3. Durchgang – Bauch, Herz und Kopf sprechen lassen
- 4. Durchgang – Wer kennt wen?
- 5. Durchgang – Das Thema kommt in die Mitte.

Ausführliche Anleitung

Es folgen detaillierte Ausführungen zu den oben aufgelisteten zehn Schritten.

Schritt 1: Die drei Positionen werden im Dreieck gelegt
Die Grundaufstellung besteht aus drei gleichaussehenden Bodenankern, die für die drei Zentren stehen. Man kann dafür Papierblätter, Pappe, Platz-Sets o. Ä. nehmen. Sie sind idealerweise rund, weil es dann keine Ausrichtung gibt und man in jede Richtung schauen kann. Gleichaussehend heißt: Sie sind nicht beschriftet und müssen nicht farbig sein wie in den Illustrationen, weißes Papier genügt auch. Sie werden im Uhrzeigersinn und in der Reihenfolge Bauch, Herz und Kopf so auf den Boden gelegt, dass sie ein gleichseitiges Dreieck ergeben.

Schritt 2: Begehung im Uhrzeigersinn
Eine Begehung im Uhrzeigersinn hat sich bewährt. Es gibt Menschen, die durch die Gegenläufigkeit Schwindel, Übelkeit oder ähnliche Symptome bekommen.

Schritt 3: Die Augen bleiben geöffnet

Geschlossene Augen während der Begehung der Triade führen zu vermehrter Aufmerksamkeit nach innen und erhöhen die Möglichkeit, mit dieser Aufmerksamkeit den Prozess zu steuern oder gezielt etwas zusätzlich zu aktivieren. Man soll sich aber eben *nicht* konzentrieren, sonst würde einem zusätzlich die Wahrnehmung nach außen fehlen. Die Gleichzeitigkeit sowohl des Körpererlebens als auch der nach außen stattfindenden Wahrnehmung erzeugt einen steten Rückkopplungseffekt, und es werden mehr körpergespeicherte Informationen aktiviert. Die geöffneten Augen sehen mehr und vor allem sehen sie auch die anderen beiden Zentren. Stellen Sie sich vor, es findet eine Teambesprechung statt und die Teilnehmer sitzen die ganze Zeit mit geschlossenen Augen da: Da ginge ein großer Teil der nonverbalen Kommunikation verloren, und es würde vermutlich auch so wirken, als sei man mehr mit sich selbst beschäftigt.

Schritt 4: Starten Sie beim Bauch

Sinnvoll ist es, analog zum Körperaufbau zu starten, also von unten (Bauch) über das Herz nach oben zum Kopf. Wenn man z. B. im Kopf anfängt, fällt es oft schwerer, danach direkt zwei Etagen tiefer zu gehen und den Bauch zu aktivieren.

Schritt 5 und 6: »Ich gehe mit der Aufmerksamkeit und Wahrnehmung in den Bauch/das Herz/den Kopf.« Wie ist es im gesamten Körper?

Man verwendet immer die gleiche Formulierung. In dem Satz sind mit den beiden Wörtern *Aufmerksamkeit* und *Wahrnehmung* ausreichend Informationen für den Körper enthalten. Mehr Einsatz braucht es nicht, der Körper kann das Weitere schon selbst. Dann abwarten, welche Wirkung entsteht und darauf achten, was im gesamten Körper wahrnehmbar ist. Das Motto ist: *Rumstehen* und dem eigenen Körper die Führung überlassen. Denn Bauch, Herz und Kopf sind Instanzen, die im ganzen Körper wirken und nicht nur in der Region, in der sie sich befinden. Verwenden Sie keine zusätzlichen »Hilfsmittel« wie tiefe Bauchatmung oder das Auflegen der Hand auf die betreffende Region etc. (außer, es ist in einer spezifischen Übung angegeben).

Schritt 7: 1. und 2. Durchgang – Aufwärmen ohne Thema

Der 1. und der 2. Durchgang dienen als Aufwärmübung für die drei »Psychomuskeln«. Erst einmal muss man selbst einen Eindruck gewinnen, ob diese auch imstande sind, sich in diesem Moment einem bestimmten Thema zu widmen. Auch in der Begegnung mit uns selbst sollten wir den nötigen Respekt aufbringen, dass unsere Psyche auch nicht immer zur Verfügung steht. Wenn man also bemerkt, dass man in allen drei Zentren einen wie auch immer gearteten Stress bekommt, dann bleibt es ausschließlich bei der Aktivierung der Triade ohne Thema!

Welches Zentrum ist in welchem Ressourcenzustand wahrnehmbar? Nehmen Sie alles, was sich meldet – sei es körperlich oder psychisch – zur Kenntnis. Sammeln Sie alles, was Sie wahrnehmen, und laden Sie diese Empfindungen – ob angenehm oder unangenehm – als wichtige Informationsquelle ein. Das sagt sich so leicht, aber sehr oft ist zu beobachten, dass Menschen recht unwillkürlich reagieren, wenn z.B. der Atem stockt und sie dann die tiefe Bauchatmung aktivieren oder bei einer sich meldenden Verspannung die Schultern kreisen möchten. All diese gut gemeinten Absichten sind möglichst zu unterlassen. Wenn der Körper sich ausdrückt, dann wäre es sehr freundlich, wenn wir ihn nicht gleich zensieren und ihm etwas entgegensetzen. Das klingt vielleicht verwirrend, denn man erlebt in dem Moment etwas

Unangenehmes oder Störendes. Aber wie wollen wir mehr darüber erfahren, wenn wir den Zustand sofort behandeln?

Schritt 8: 3. Durchgang – Bauch, Herz und Kopf sprechen lassen

In der 3. Runde fragt man das gerade aktivierte Zentrum, wie es ihm geht und wie zufrieden es im Leben seines Besitzers ist. Manchmal kann man auch zur Sicherheit nachfragen, ob es den Besitzer überhaupt kennt.

Schritt 9: 4. Durchgang – Wer kennt wen?

Bevor Sie die Teammitglieder mit dem Thema in Kontakt bringen, wäre es interessant, wenn Sie erst einmal schauen, wer eigentlich wen kennt und wie die Beziehungen untereinander sind. Deshalb wird in dieser 4. Runde gefragt, ob der Bauch das Herz und den Kopf kennt und wie sein Verhältnis zu den beiden ist. Dann wird das Herz gefragt, wie das Verhältnis zu Kopf und Bauch ist. Dann wird der Kopf gefragt, wie das Verhältnis zu Bauch und Herz ist.

Schritt 10: 5. Durchgang – Das Thema kommt in die Mitte

In der 5. Runde kommt dann das Thema ins Bild. Warum nicht vorher? Man braucht erst einmal die strukturierte Selbstbegegnung, um dann zu entscheiden, ob die drei Zentren auch in der Verfassung sind, sich dem Thema zu widmen. Manchmal gibt es schon vorher einiges zu tun, sodass noch Vorarbeiten notwendig sind. Das lässt sich damit vergleichen, dass manchmal beim Hausbau erst der Boden so gesichert, bearbeitet und gestützt werden muss, dass man weiterbauen kann. Jetzt werden die drei Kompetenzzentren zum Thema befragt. Wer interessiert sich dafür? Wer kann was zur Verfügung stellen? Kooperieren die Zentren miteinander bezüglich des Themas?

Die drei Check-up-Interventionen

Bei den folgenden Interventionen empfiehlt es sich, zuerst mit den ersten drei Varianten zu arbeiten. Das sind die *drei Musketiere der Veränderungsmöglichkeiten*. Sie sind leichtfüßig, haben also eine gewisse Leichtigkeit, gewürzt mit einer Prise Humor. Es gibt meist einen sofortigen Effekt, und man verringert das Risiko, dass sich zu viele Türen ins Unbewusste öffnen. Es ist wie beim Jonglieren: Erst mal mit drei Bällen starten! Wer das schon einmal ausprobiert hat, der weiß, dass jeder weitere Ball eine wirkliche Herausforderung ist. So ist es auch beim Legen der Scheiben. Wenn man etwas Zusätzliches legt, dann sollte man sich auch darum kümmern bzw. nicht den Überblick verlieren, um was es da geht. In der Eigenbegleitung hat man zwei Rollen gleichzeitig: Man ist sowohl der eigene Kunde als auch die eigene Begleitung.

Mit den drei Check-Up-Interventionen kann man eigene Prozesse wirksam steuern. Für tiefgreifende Veränderungen und nächste Schritte ist es nicht zwingend notwendig, dass man in die tiefsten Schichten der Psyche vordringt. Minimalinvasive Interventionen sind deshalb so wirkungsvoll, weil die Arbeit verletzungsarm erfolgt.

> Halten Sie es auf jeden Fall für möglich, dass sich bei Ihnen etwas schnell und unspektakulär verändern kann und dass dies auch nachhaltig und andauernd wirkt!

Wenn der Prozess körperbasiert erfolgt und geeignete Impulse gesetzt werden, ist es möglich, dass sie schneller wirken, als Sie *denken*. Bei einem harmlosen Infekt trinken Sie ja auch erst mal einen Salbeitee und greifen nicht gleich zum Breitbandantibiotikum. Aber auch chronische Erkrankungen benötigen oft viel weniger Behandlung, als man es für möglich hält!

Die Vorteile der drei Check-up-Interventionen:

- Sie fokussieren auf die Ressource und die damit verbundene Stärkung.
- Befindlichkeitsstörungen werden wahrgenommen, aber nicht weiter vertieft.
- Sie können jüngere Anteile körperlich erleben, laden sie jedoch nicht ein, den Prozess zu sehr zu dominieren.
- Die Selbststeuerung bleibt erhalten.

Wenn Sie merken, dass es nur ganz kurzfristige Verbesserungseffekte gibt bzw. Sie keinen Effekt spüren, dann lohnt es sich auf jeden Fall, sich die PS-Knoten in Erinnerung zu rufen. Vor allem der Selbstvorwurf kann den Triadenprozess nachhaltig stören. Der könnte auch nur darin bestehen, dass man mit der Leistung des Körpers unzufrieden ist: Man ist der Meinung, dass dieser zu wenig oder zu viel spürt. Er produziert plötzlich Beschwerden oder Themen, die man selbst nicht im Fokus hatte. Zu meinen, man spüre nichts, könnte man auch übersetzen in: In meinen Körper geht etwas vor sich, was ich vielleicht nicht bemerke. Ihr ganzes Leben lang funktioniert Ihr Körper auf die komplexeste Art und Weise, und Sie bekommen nur einen Bruchteil davon mit.

Wenn der Kopf sich in den beiden anderen Zentren fortwährend einschaltet, weil er hauptberuflich Skeptiker ist, oder wenn der Kopf so motiviert ist, dass er die anderen zwei Zentren selbst erkunden möchte, dann empfiehlt sich die Intervention der Kopffilialen (s. Abb. 24).

W-Intervention: Einfach weitergehen!

a) Harmonisierung:

Sie machen einen Durchgang durch die Triade. Dann stellen Sie anhand des Erlebten eine Rangfolge auf: Welches Zentrum war am ressourcenreichsten, welches Zentrum ist im 2. Rang und welches im 3. Rang? Jetzt können Sie mehrmals recht zügig Bauch, Herz und Kopf aktivieren, also immer weitergehen. Sie atmen bei der Station im 1. Rang dreimal ein und aus.

Bei der Station im 2. Rang zweimal und beim 3. Rang einmal. Stellen Sie sich vor, dass Sie aus dem jeweiligen Zentrum ein- und ausatmen. Sie können so 2–5 Runden gehen und darauf achten, was sich dadurch verändert.

b) Stabilisierung:

Wenn eine Station stark belastet ist und Sie starke körperliche und/oder psychische Symptome bemerken, lohnt es sich, erst einmal weiterzugehen zur nächsten Station, um zu testen, ob es dort besser ist. Denn zu viel Stress kann dem Körper schaden, und wenn man erleben kann, dass es bei einer anderen Station entlastender ist, profitiert der ganze Körper davon.

Wenn man plötzlich anfängt zu weinen und von Gefühlen geflutet wird – in welchem Zentrum auch immer –, wenn plötzlich Schwindel oder starkes Herzklopfen auftritt oder Angst nach oben steigt: Dann ist es sinnvoll, zügig eine oder evtl. zwei Positionen weiterzugehen. Geben Sie dem Zustand also keine Gelegenheit, sich zu etablieren, sondern gewinnen Sie räumlich Abstand. Wenn das nicht ausreicht, probieren Sie die Echtzeitalter-Intervention aus.

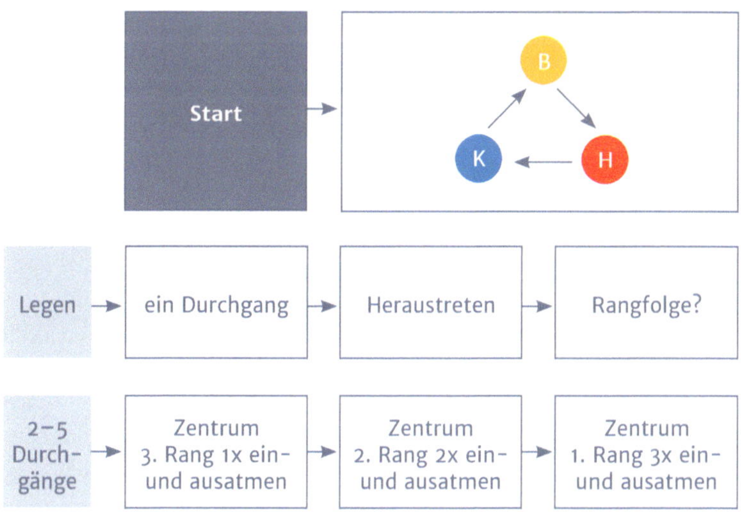

Abb. 18

Die W-Intervention (»Weitergehen«) ist eine der der einfachsten Bewegungen und trotzdem oft sehr wirkungsvoll (s. Abb. 18). Diese Intervention kann man sowohl zur Harmonisierung als auch zur Stabilisierung nutzen.

Eigene Version (Stufe 1)

Das ist eine der erstaunlichsten Bewegungen. Man geht von der betreffenden Position herunter und hebt die Scheibe auf (s. Abb. 19). Wer mag, schüttelt oder klopft sie kurz aus und legt sie als »eigene Version« (von Bauch, Herz oder Kopf) wieder hin. Das wirkt fast wie ein Kartenspielertrick, und man kann sich immer wieder überraschen lassen, wie schnell das wirken kann. Stellen Sie sich vor, dass sich nicht nur im Laufe des Lebens, sondern natürlich auch im Laufe eines Tages immer wieder Verunreinigungen in einem selbst ansammeln. Es ist wie beim Händewaschen: Das macht man ja auch nicht nur einmal im Leben. Man kann das auch ohne Befindlichkeitsstörung ausprobieren, ob es eine Wirkung erzielt, jede Scheibe nochmals als eigene Version zu legen.

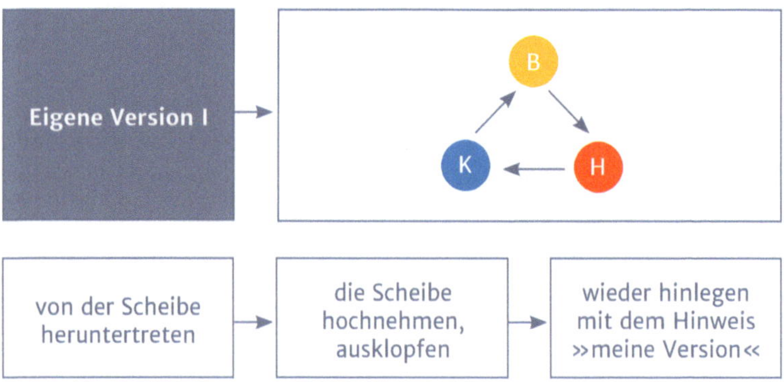

Abb. 19

Echtzeitalter-Training (Stufe 1)

Oft merkt man nicht, dass ein jüngerer Anteil aktiviert ist. Wenn Sie sich in einem Zentrum verzagt, hilflos, überflutet oder verletzt fühlen, können Sie einen Schritt heraustreten und dann wieder auf die betreffende Scheibe zurück (s. Abb. 20). Sagen Sie zu sich selbst: »Mit der ganzen Kompetenz und Erfahrung meines Echtzeitalters!« Es lohnt sich durchaus, das auch laut auszusprechen und das Alter zu nennen, das im Ausweis steht. Das gilt genauso für jüngere Anteile, die in bester Stimmung sind und deshalb auch verlockend wirken! Auch hier gilt: Einen Schritt von der Scheibe runter, prüfen, ob der Anteil noch spürbar ist, und dann wieder zurückgehen auf die Hauptposition im Echtzeitalter.

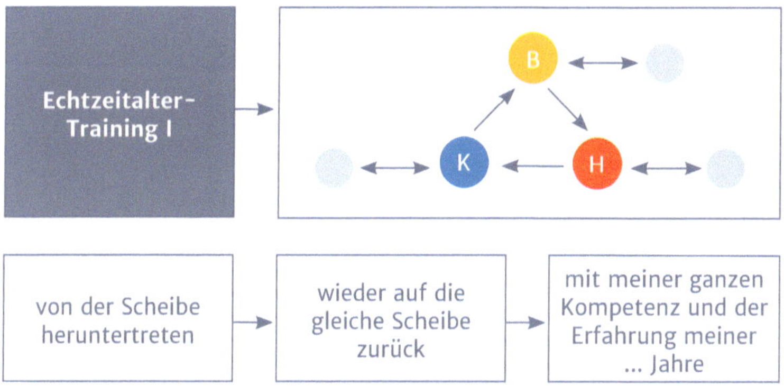

Abb. 20

Interventionen für Fortgeschrittene

Wenn Sie die drei oben genannten Interventionen schon mehrfach angewendet haben und darin eine gewisse Übung haben, so finden Sie hier weitere Möglichkeiten, Ihren Triadenprozess zu gestalten. Bitte tun Sie sich den Gefallen, nur so viel auszuprobieren, dass es Ihren Körper und Ihre Psyche nicht stresst. Gehen Sie respektvoll mit sich selbst um und achten Sie die Grenzen, die Ihnen von Körper, Psyche und Geist aufgezeigt werden.

Dosisreduktion für den Kopf

Druck im Kopf, Müdigkeit, Schwindel etc. treten häufig bei überlasteten Köpfen auf. Wenn das der Fall ist, wenden Sie zunächst die W-Intervention an: *Weitergehen*. Wenn es beim nächsten Kontakt mit der Position Kopf nicht besser ist, nehmen Sie eine spürbare Dosisreduktion vor. Sie nehmen dafür eine deutlich kleinere Scheibe (wie in Abb. 21 gezeigt) und legen diese statt der ursprünglichen Scheibe. Sollte dies eine Verbesserung bringen, aber noch nicht ganz ausreichen, so können Sie weiter reduzieren, bis die Symptome nachlassen bzw. sogar ganz verschwinden. Diese Dosisreduktion bleibt dann für den ganzen Prozess dort liegen. Wenn das Zentrum Kopf sehr dominant ist oder sich als alleinige Kraft ansieht, so sollte man keine Dosisreduktion durchführen, um dessen Einfluss zu schmälern. Die Reduktion wird nur bei Überlastung durchgeführt.

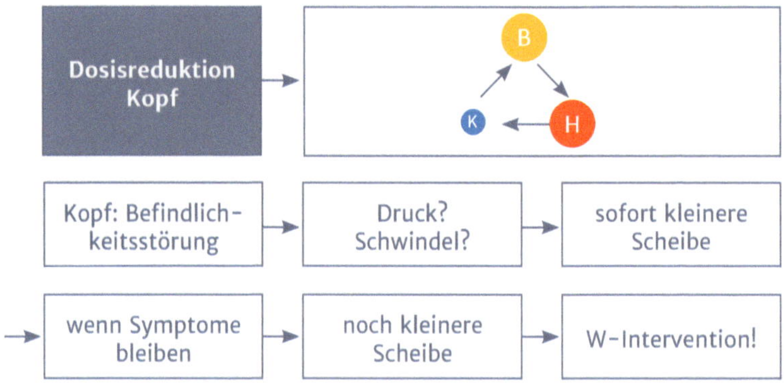

Abb. 21

Eigene Version (Stufe 2)

Manchmal reicht es nicht aus, die Scheibe nur neu zu legen (s. Abb. 22). Das merken Sie daran, dass sich nichts Wesentliches verändert und eine Befindlichkeitseinschränkung weiter bestehen bleibt. In diesem Fall wird eine neue Scheibe ausgewählt, die die bisherige ersetzt. Wenn dies auch nicht ausreicht, sollten Sie bei den PS-Knoten fündig werden. Denn oft ist es eine mehr oder minder bewusste Loyalität, die uns daran hindert, die eigene Version des Kernbedürfnisses zu leben. Wenden Sie dann die Testsätze zum betreffenden Kernbedürfnis an (s. S. 81).

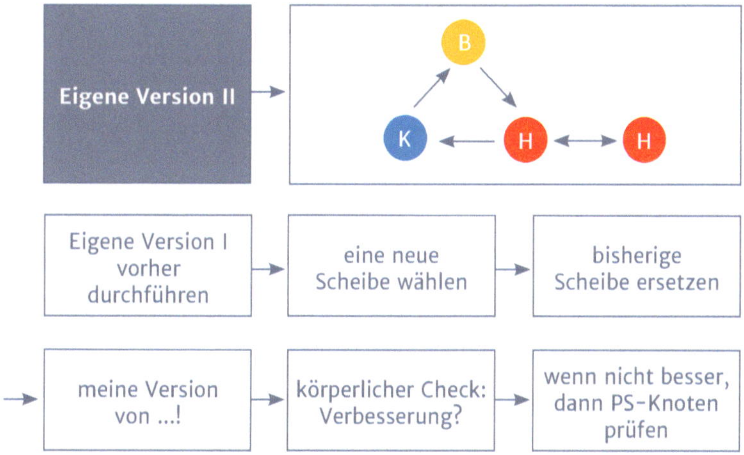

Abb. 22

Echtzeitalter-Training (Stufe 2)

Wenn das Hinaus- und wieder Hineintreten nicht ausreicht, legen Sie eine weitere (kleinere) Scheibe für den Anteil, der sich in Ihnen meldet (s. Abb. 23). Manchmal müssen diese Anteile gehört und gesehen werden in dem, was sie zum Ausdruck bringen. Gehen Sie dann auf die kleinere Scheibe und werden ganz zu dem, was sich in Ihnen gemeldet hat. Der Grundsatz gilt: Je intensiver oder überwältigender der Zustand ist, desto schneller verlassen Sie den Platz wieder. Ob der Zustand positiv oder eher negativ ist, spielt dabei keine Rolle. Sollte der Zustand auf die Haupt-Zentrumsscheibe fluten, gehen Sie zum nächsten Zentrum weiter und evtl. noch eine Position weiter. Erst, wenn sich Ihr Organismus etwas beruhigt und gefestigt hat, können Sie den Vorgang am betroffenen Zentrum wiederholen.

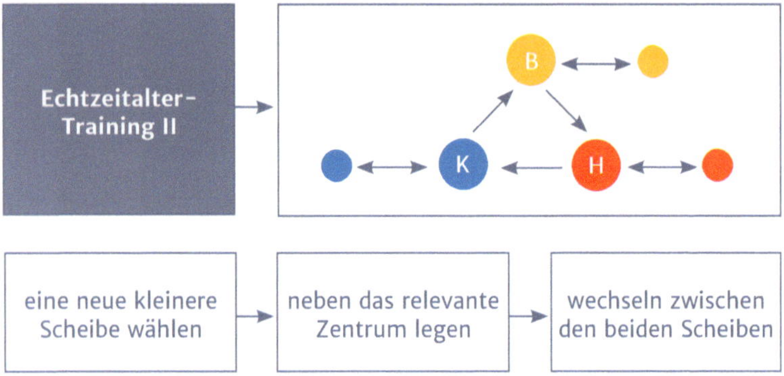

Abb. 23

Kopffilialen

Manchmal ist der Kopf so engagiert – bzw. es ist bisher so wesentlich, dass er alles selbst regelt –, dass an den anderen beiden Zentren Filialen eröffnet werden, also zwei Außenposten des Kopfes. Die Filialen werden mit kleineren Scheiben gelegt (s. Abb. 24). Sobald sich bei Bauch oder Herz der Kopf einschaltet, wird zur Kopffiliale gewechselt, dann kann man einen weiteren Ausflug zu Bauch bzw. Herz machen. Denn jeder hat schon einmal erlebt, dass sich der Kopf nicht abschalten lässt und auch dann noch weiter Gedanken produziert, wenn man das als Besitzer nicht mehr möchte. Durch die Filialen kann der Kopf mitreden, es wird aber auch deutlich, wann er *nicht* dran ist. Auf der »Filialenscheibe« können Sie das Erlebte dann auswerten und mit dem »Filialkopf« besprechen.

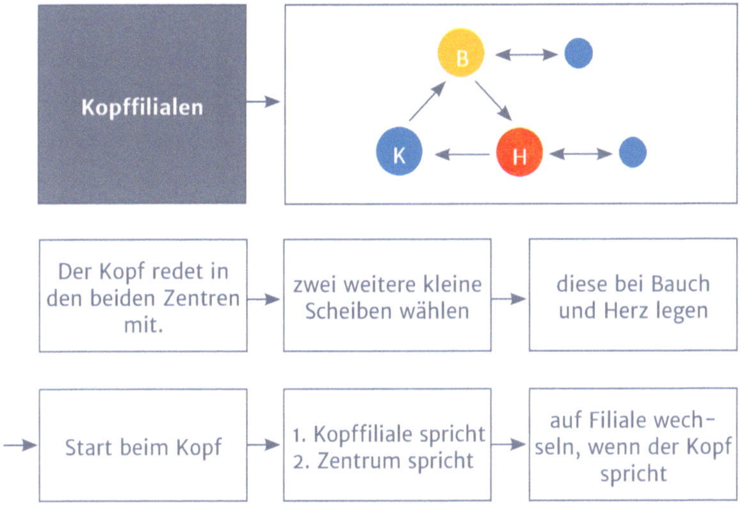

Abb. 24

Zentrumsverschiebung

Es ist möglich, dass ein Anteil in einem Zentrum auftaucht, für den der Erlebnisraum des dort existierenden Kernbedürfnisses gar nicht so geeignet ist, oder er hat schon ein Übermaß davon genossen. So ist es möglich, dass ein Positionswechsel ganz spontan eine Verbesserung bedeutet (s. Abb. 25). Die Grundregel lautet: Der Anteil selbst ist bereit, die Positionsveränderung auszuprobieren, er entscheidet, ob es dort besser für ihn ist. Jede Positionsveränderung lässt sich auch wieder rückgängig machen. Um die Positionsveränderung durchzuführen, sollte man eine Idee haben, welches Kernbedürfnisfeld denn besser geeignet wäre. Dazu muss man sich selbst zugehört haben.

Ein Beispiel zum Check der ABS-Kernbedürfnisse: Ein Anteil redet davon, dass er sich *verloren* fühlt (solch ein Anteil kann sich an jedem der drei Zentren melden).

Hat er *zu wenig Raum* (Autonomie) oder wünscht/braucht er mehr *Kontakt* (Beziehung) oder macht ihn das *unsicher* (Sicherheit)? Wenn das Kernbedürfnis *Autonomie* im Vordergrund steht, schieben wir die Scheibe Richtung Bauch. Wenn *Beziehung* der zentrale Aspekt ist, dann wird die Scheibe

Richtung Herz geschoben. Wenn *Sicherheit* das Wesentliche ist, schieben wir sie in Richtung Kopf.

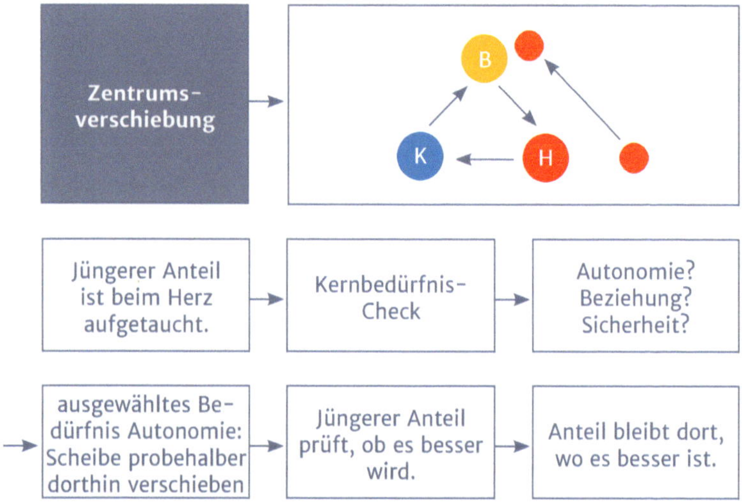

Abb. 25

11 MUT ZUR ENTSCHEIDUNG!

> Je länger Gedanken kreisen, desto mehr nutzt sich die Wirksamkeit der Information ab.

Sie haben einiges über sich erfahren und Sie konnten erleben, dass die gezielte Aktivierung der drei Zentren von Bauch, Herz und Kopf einen Mehrwert an Informationen erzeugt. Egal, wie eindrücklich Ihre Erlebnisse waren: Es kommt meist der Zeitpunkt, an dem man nicht mehr merkt, dass man mal wieder die Triangel im Kopf aktiviert hat. Noch mal zur Erinnerung: Bei der Triangel denken Sie über Gefühle nach, Sie denken über Impulse nach. Das kann banale Alltagsentscheidungen betreffen wie: »Laden wir Müllers am Samstag zum Essen ein oder verbringen wir einen gemütlichen Abend zu zweit?«, oder auch wegweisende und lebensentscheidende Fragestellungen wie: »Suche ich mir eine neue Stelle?« So entsteht ein gewisses Risiko, dass Sie spontan denken: »Durch die Triade gehen bringt nichts, was soll da schon rauskommen?!« Interessanterweise geschieht das immer wieder: Man kann sich nicht *vorstellen*, dass da etwas anderes oder Neues entstehen kann. Auch mir selbst widerfährt das immer wieder! Oft versuchen wir dann, den innerlichen Druck zu verringern mit den beliebten Zeit-Sätzen wie:

- »Alles braucht seine Zeit.«
- »Die Zeit muss reif sein.«
- »Kommt Zeit, kommt Rat.«

Manchen Sie sich klar, dass die Zeit keine Rücksicht kennt. Zukunft ist immer auch jetzt.

Das Leben ist bekanntlich risikoreich und endet sicher mit dem Tod. So kann man den Tod als guten Ratgeber einsetzen, dann wird einem bewusst, dass man jetzt gerade lebt und mit seinem Leben zufriedener ist, wenn man selbst entscheidet, wann man handelt. Ein Nichthandeln, welches auch eine Entscheidung ist, kann genauso wichtig und richtig sein. Dass der Körper dafür der Sparringspartner ist, unterstützt uns dabei, zu der Einsicht zu gelangen, dass wir nicht alles tun können, was wir möchten, sondern mit uns selbst so umgehen, wie wir uns das auch für andere Ökosysteme wünschen. Raubbau von Ressourcen ist weit verbreitet, nicht nur in der Umwelt, sondern ebenso bezüglich des Körpers und der Psyche. Wenn wir unseren Ressourcen nicht für fortwährende Hamsterräder des Denkens verschwenden, aber auch nicht mit unseren Impulsen davongaloppieren, dann entsteht Balance. Wer mal auf einem Seil oder Schwebebalken balanciert ist, der weiß, dass die kleinen Bewegungen des Ausgleichens einen in der Balance halten. Mit den Kompetenzen, die Bauch, Herz und Kopf innewohnen, bereiten Sie den Boden für die eigene Entscheidungsgestaltung und erhöhen Ihre Lösungskompetenz.

In der fortwährenden Beweglichkeit zwischen kleinen Impulsen, großen Schritten und Innehalten lieg das Spannungsfeld von Veränderung und damit auch die Entscheidungsgestaltung.

Entdecken Sie Ihre eigene Goldmine!

Ressourcenorientierung setzt voraus, dass man auch etwas zur Verfügung hat – also besser da Gold schürfen, wo es auch welches gibt, als im Flussbett des Lebens fortwährend vor sich hin sieben auf der Suche nach einem Goldkörnchen. Vielleicht muss man sich dabei von ein paar lieb gewordenen Vorstellungen verabschieden wie: *Wenn ich nur will, kann ich alles schaffen! Denke positiv, dann erfüllt sich das, was ich möchte! Hindernisse sind dazu da, überwunden zu werden!*

Hier ein paar Vorschläge, wie Motivationssätze stattdessen lauten könnten:

- Ich interessiere mich für mich selbst und meine Grenzen.
- Ich bin konsequent fehlerfreundlich und pflege einen respektvollen Umgang mit mir selbst.
- Ich unterscheide zwischen überwindbaren Hindernissen und unbezwingbaren Felswänden.
- Ich trage eine unbeugsame Absicht in mir, die auch Scheitern und Umwege ermöglicht.

Die Selbstbegegnung in der Triade erhöht die Fähigkeit, über sich selbst zu staunen – sowohl, was den Körper als auch die Psyche betrifft –, und sie verschafft einem einen strukturierten und geordneten Zugang zu sich selbst. So kann der Respekt sich selbst gegenüber und die damit einhergehende Wertschätzung dafür, wer, wie und was man schon ist, stetig wachsen. Wer mit Humor und Leichtigkeit dazu steht, wozu er sich entschieden hat, und nicht von anderen eine Bestätigung dafür sucht und dann noch sein aktuelles Alter vor Augen hat, der verpasst sein eigenes Leben nicht.

Entscheiden Sie sich, Hauptdarsteller in Ihrem eigenen Leben zu sein, und vertrauen Sie auf die Lösungskompetenz Ihres Körpers.

Über die Autorin

GABRIELA VON WITZLEBEN, Heilpraktikerin für Psychotherapie, Coach und Beraterin in Konstanz; sie leitet Seminare und Fortbildungen zum triadischen Prinzip und systemischen Enneagramm.

Kontakt: www.von-witzleben-coaching.de

Astrid Keweloh

Wie bringe ich die Kuh tanzend vom Eis

Inneres Gleichgewicht finden mit Selbsthypnose,
Klopfen und Yoga-Atemtechniken

203 Seiten, Kt, farbig, 2020
ISBN 978-3-8497-0359-2

„Ich bin begeistert: ein kenntnisreiches, frisches und lebendig geschriebenes Buch, aus dem die Warmherzigkeit, Wertschätzung und reichhaltige Erfahrung der langjährigen Therapeutin, Coach und Lebensbegleiterin sprechen. Eine klare Gliederung, hilfreiche Querverweise und ansprechende Grafik erhöhen das Lesevergnügen und den Erkenntnisgewinn. Zugespitzt und auf die Praxis bezogen erhält auch die Theorie ihren lebensnahen Stellenwert. So stellt das Buch gerade auch für interessierte Laien eine gut verständliche und praktische Hilfe dar.“ Susanne Leutner

„Dieses Buch beinhaltet einen umfangreichen Schatz hocheffektiver und alltagstauglicher Methoden zur Stärkung der Selbstregulation und dem Umgang mit traumatischen Erfahrungen. Aus jeder Zeile sprechen die Erfahrung, die Empathie und das Verantwortungsbewusstsein der Autorin. Der fachliche Hintergrund und die Wirkweise der Methoden werden mit sehr treffenden Beispielen und Metaphern verständlich erläutert. Die praktische Durchführung der Methoden wird außergewöhnlich praxisorientiert und anschaulich vermittelt. Man findet erklärende Fotos, ausführliche Anleitungen und sogar einen Link zu von der Autorin eingesprochenen Trancen. Das Buch eignet sich zur Selbsthilfe und stellt gleichzeitig eine wertvolle Methoden- und Beispielsammlung für Therapeut:innen, Berater:innen und Coaches dar.“

Frauke Niehues

Carl-Auer Verlag • www.carl-auer.de

Cornelia Hammer

Im Körper zu Hause sein

Mit Zapchen Somatics zu Leichtigkeit und Wohlbefinden

143 Seiten, Kt, 2. Aufl. 2020
ISBN 978-3-8497-0302-8

Unser körperliches und seelisches Wohlbefinden ist heute oft Arbeits- und Lebensstrukturen ausgesetzt, die Anspannung, Stress und Mühsal verursachen. Dazu kommen „eingefleischte" Gewohnheiten, die den Zugang zum eigenen Körper verstellen – und damit den Weg zur Zufriedenheit mit dem eigenen Sein und Tun. Zapchen Somatics ist eine körperbezogene Methode, die sich auf Erkenntnisse aus der Psychosomatik einerseits und Traditionen des tibetanischen Vajrayana-Buddhismus andererseits stützt. Der Körper wird hier als Quelle des „Well-Being" erlebbar, eines Lebensgefühls, das Freude, Klarheit, Weite und Leichtigkeit einschließt. Die sehr einfachen Übungen lassen Sicherheit und Zufriedenheit erleben, stärken die Selbstheilungskräfte und vertiefen die Verbundenheit mit dem Leben und den Menschen um uns herum. Mitgefühl und Achtsamkeit entwickeln sich. Humor begleitet das Üben. Cornelia Hammer gehört zur ersten Generation der Zapchen-Lehrer:innen im deutschsprachigen Raum und hat die Methode bei ihrer Urheberin Julie Henderson erlernt.

„Einfach Überraschendes und überraschend Einfaches. Unmittelbar Befreiendes, das Einschränkungen und Abwertungen spielerisch verscheucht oder links liegen lässt. Ansteckendes Wohlbefinden und Wohlwünschen breitet sich aus. Neues tut sich auf. Lebenslust. Üben, üben, üben, auch summen. Und jetzt ein Nickerchen. Ich lade ein, das Buch zu lesen!" Dr. Gunthard Weber

Carl-Auer Verlag • www.carl-auer.de

Steve Haines

Berührung ist ziemlich strange

Graphic Novel

Mit Illustrationen
von Sophie Standing

Aus dem Englischen
von Weronika M. Jakubowska

33 Seiten, Kt, 2021
ISBN 978-3-8497-0401-8

Warum können wir uns nicht selbst kitzeln? Warum kann sich Berührung in Sicherheit und Geborgenheit toll anfühlen und eine ungewünschte furchtbar? Helfen uns Berührungen, von Trauma, Angst und Schmerz zu genesen? Mit Antworten auf diese und andere Fragen geben der Körpertherapeut Steve Haines und die Illustratorin Sophie Standing Einblick in die wundersame Welt der Berührungen. Die Graphic Novel enthüllt die vielen Aspekte von Berührung und erforscht ihre Macht und ihre Grenzen. Berührung ist ein wirksames Werkzeug, um Sicherheit, Gesundheit und die Wahrnehmung des eigenen Körpers zu fördern. Richtig eingesetzt, kann sie Gefühle der Freude, Verbindung und Lebendigkeit verstärken – man muss sie nur mutig und tatkräftig einsetzen.

„Berührung ist kein Allheilmittel, aber sie ist allgegenwärtig. Sie ist nicht alles, aber ohne sie ist alles nichts. Wer bereit ist, sich selbst zurückzunehmen und sich gleichzeitig ganz in die Beziehung einzubringen, wer Berührung als behutsames Vernetzen zweier Organismen versteht, kann sie als intim(st)e Form herrschaftsfreier Kommunikation erleben. Dieses Buch wird Sie darin bestätigen und unterstützen." Martin Busch

- Angst ist ziemlich strange
- Trauma ist ziemlich strange
- Schmerz ist ziemlich strange

Einzeln oder im Package erhältlich.

Carl-Auer Verlag • www.carl-auer.de

Carmen C. Unterholzer

Selbstwirksam schreiben

Wege aus der Rat- und Rastlosigkeit

130 Seiten, Kt, 2021
ISBN 978-3-8497-0398-1

Wer schreibt, der bleibt? Nein: Wer schreibt, verändert sich! Indem wir schreibend Gedanken ordnen und Zusammenhänge klären, gelangen wir zu neuen Einsichten. Wir gewinnen Abstand, wir durchbrechen schädliche Muster. Schreiben unterstützt uns bei Veränderungs- und Bewältigungsprozessen. Dieses Buch zeigt, wie Sie die eigene Entwicklung schreibend in die Hand nehmen können. 34 konkrete Schreibanregungen helfen, eigene Stärken wahrzunehmen, Zugang zu vorhandenen Kompetenzen zu finden und sie gezielt einzusetzen. Carmen C. Unterholzer greift auf ein großes Repertoire aus ihrer Praxis als Psychotherapeutin und Schreibcoach zurück. Übungen, anschauliche Text- und Fallbeispiele, Grafiken und regelmäßige Zusammenfassungen helfen, das Ziel im Auge zu behalten: die eigene Selbstwirksamkeit zu entfalten.

„Hier schreibt eine erfahrene Psychotherapeutin über die vielfältigen heilsamen Wirkungen des Schreibens. Und schlägt gleich so viele Übungen so konkret vor, dass frau und man sofort mit dem Schreiben anfangen möchte. Ein echter Anstoß zur Selbsthilfe!“
Dr. Ulrike Borst

„Das ist ein wunderbares Buch – schreibend eröffne ich Zugangswege für innere und auch äußere Bewegung, gerade dann, wenn so vieles so lange festgefahren erscheint. Das macht Mut. Ganz besonders ist mir das Akrostichon und das Elfchen ans Herz gewachsen. Ein wunderbarer Perspektivwechsel, ohne die Perspektive zu wechseln.“
Regina Reeb-Faller

Carl-Auer Verlag • www.carl-auer.de